말장난 : 감 [感]

웃고 싶을 때는 크게 웃고
웃고 싶지 않을 때는 웃지마

양처로 첫번째 잡문집

목 차

시 집

치약	8	나이 고백	36
묵음	9	솔로몬	37
문제집	10	물가에 눈가에	38
베테랑×유미의세포들	11	Nike shoes	39
똥칼라 파워	12	솔크	40
변화구	13	힌트	41
고속 도로	14	X-mas	42
운명	15	배움의 끝	43
입춘	16	그룹콜	44
아마 시리즈	17	중고	45
은화 식물	18	공간의 공감	46
내 집 마련	19	한 끗 차이	48
음주 운전	20	정인아 미안해	49
과유불급 불광불급	21	진공 상태	50
차고 차고 차이다	22	힘을 길러라	51
밀크커피&커피우유	23	부디 제발	52
연애와 주식	24	베르나르 베르베르	54
행복과 행운	25	인터뷰 아님 주의	55
어쩔어쩔	26	사랑의 속도	56
만원 한 장	27	반짝단짝	57
페이스북	28	안부 인사	58
안주	29	자존심	60
유도리	30	돈 worry 非 happy	61
메뉴판	31	생일 축하	62
부레옥잠	32	Take it slow	63
신데 렐라	33	야심 만만	64
최고의 방어	34	낙	65
월요병 완치법	35	가나다라마바사	66

세 얼간이	67	사랑 너랑	95
투 스타	68	Hey 모(毛)두들 안녕	96
빗 속	69	동병상련(同病相憐)	97
흐 강 거 거 오	70	모태 솔로	98
나를 보다	71	새콤달콤	99
진동 모드	72	열탕 온탕	100
요기요	73	변하지 편하지	101
bow wow	74	가짐	102
홀로	75	틀렸다	103
VACATION	76	사랑이 쩜쩜	104
많고 많은	77	무식하다	105
엉터리	78	한 수	106
마요네즈 너구리	79	최고	107
내 생에 봄	80	생기	108
프라이빗	81	제목	109
곁	82	야 이노무 자석아	110
설	83	그럼에도 불구하고	111
묻다	84	공	112
소통	85	章 글(장) 愛 사랑(애)	113
주린이	86	밀물 썰물	114
기회	87	기적	115
오아시스	88	SOLO	116
재첩	89	배비움	117
너를 만났다	90	나의 낭만	118
물엿	91	괜찮아	119
잠재력	92	저주	120
웃음이 헤프다	93	결말	121
번	94	며칠	122

아끼다	123	오늘 할 일	159
take care of	124	윷놀이	160
49.5%	125	다음	161
지성&건성	126	이 마음 뭘까	162
비락식혜	127	약(藥)	163
굳이	128	너는 말야	164
더위 사냥	129	재워 먹기	166
36계 줄행랑	130	낮달	168
너의 사랑	132	진짜 봄	170
갈피	134	헌신포차	172
만약에	135	웃긴놈	173
야단	136	무엇일까	176
기억 상실	137	기억	178
Begin agian	138	FLY THE SKY	180
강약약약	140	멋진 계획	182
CH [ANCE,OICE]	142	후회	183
ㅊㅅ퀴즈	144	수채화	186
훈:날	145	ing	187
파이	146	포통령	188
yoU Valuable	148	행복한 사람	190
화나쟈냐	149	단정	192
꼬인 이어폰	150	CLOVER	194
행복하자	152	빌빌	195
글해서 말인데	153	이모지	196
네비게이션	154	lucky	198
탄생	156	누구에게	199
행쇼	157	해바라기	200
남 편 아님	158	살발해	202

I'm yours	203	부모	208
행복	204	시간	209
상하다	205	오징어 게임	210
Maxim	206	시키다	211
다이어트 전	207		

소설집

여여름름	214
문자 왔숑	218
말리꽃	222

가사집

〈재석의 이야기〉	226	〈정연의 이야기〉	242
끝까지 달려온 너에게	228	다가갈래요	244
〈철희의 이야기〉	231	〈영훈의 이야기〉	247
서른살 철희씨의 일일	233	원래 다 그런 거라고	249
〈하준의 이야기〉	237	〈정식의 이야기〉	254
애써하는 위로	239	Latte is horse	256

작가의 말	262

책 제목과 같이 '말장난'을 위주로 창작을 하였기에
표기와 맞춤법은 저자의 개성을 살렸으며
인터넷 밈(Internet Meme)과
패러디 형식의 글이 있음을 알려드립니다

시집

치약

걸레 문 입을 상대할 때
나도 같이 걸레를 물 필욘 없다
내 입은 깨끗하게 유지하자
그러려면

쌩까는게 만병통**치약**

@japmoonzip
와~ 이 독사 같은 주둥아리 나불대는 거 봐라.
내가 당신 같은 주둥아리를 좀 아는데, 그거 사람 죽이는 주둥아리에요.
무슨 얘긴지 아시겠어요?

-영화 '불람 남녀' 중에서-

묵음

A : 너 정말 사과 안 해?

B : (미) 안 해.

혹시 자존심 때문에
묵음을 쓰고 있지는 않나요?

@japmoonzip
성숙한 어른이라면 자신이 잘못했을 때에는 괜한 자존심보단 빠른 인정과 진심 어린 사과가 필요하겠죠?
오늘만큼은 묵음을 발음해 보세요.

문제집

삶이 처음부터 풀어나가는 문제집이라면
어차피 문제집 끝의 정답을 바로 볼 순 없잖아?
정답일지 오답일지 망설이지 말고
차근차근 풀어나가 보자
너무 찍지는 말구 :)

@japmoonzip
삶의 끝에서는 오답노트를 만들어도 본인은 못 씁니다.
하나 해가 저물어가는 12월의 어느 날엔, 한 해를 돌아보는 시간을 가져보아요.
내가 실수했던 일들을 되짚어보며 만든 오답노트를 다음 해에 아주 잘
활용할 수 있겠지요?
도전했던 일이 성공적이었나요? 아주 축하드립니다!
혹 잘 이루어지지 않았나요?
그럼 다음 도전에 아주 좋은 양분이 되었을 거예요.

베테랑×유미의 세포들

생각을 하는 게 뭔지 알아요?

세포들이 머릿속에서 열심히

맷돌을 굴리는 거예요

그런데 맷돌을 돌리다가 세포들이 나자빠져서

해야 할 일을 못하면

그게 뭐야

생각을 못 하는 거예요

내가 지금 그래

어휘가 없네?

@japmoonzip
여러분 사실은 극중 조태오(유아인)씨는 생각이 없던 거였습니다...
그러니 아트박스 사장님이 화가 났지!
저도 생각이 없던 적이 한두 번이 아니었죠.
이렇게 또 한 번 자아성찰 합니다.

*입으로 말하면서 읽어보기를 추천합니다.(유아인 빙의 필수)

똥칼라파워

나의 사랑하는 사람이
약간의 심술이 나서
'그래 너 잘났다 잘났어'
라고 말할 때는

'그래 나는 너 잘 안다 잘 알어'라며
나는 잘난 게 아니라
그저 너를 잘 아는 것뿐이라고
사랑스럽게 얘기해 주세요

@japmoonzip
'호랑이 굴에 들어가도 정신만 차리면 된다'라는 말이 이런 거겠지요?

변화구

뭐든지 쭉쭉 뻗어 나가는
친구의 직구 같은 길을
너무 부러워하지 말자

변화구도 정말 멋지게
스트라이크존에 꽂힐 수 있으니

@japmoonzip
그러려면 남을 부러워하며 깎아내릴 게 아니라 나를 꾸준히 변화시켜야겠지요?
어림없는 변화구는 잘해야 볼넷, 못하면 홈런 두들겨 맞습니다.

*볼넷(Ball넷)은 한국어로 순화된 야구 용어 중 하나로, 타자가 타석에서
4개의 볼을 골라 1루로 나가는 것을 뜻한다.(위키백과)

고속 도로

주말에 서울에 다녀오느라
1000km 정도를 운전하며 거의 고속도로에서 살았는데
엄청 쌩쌩 달리는 무법자들이 있어서
제가 대표해서 그 사람들에게 한 마디 하자면
야이싸람들아
고속도로에서는!!
제발!!

안저언띠
앙기모띠

@japmoonzip
나는
양처로띠!
...
짐그럽띠

고속도로 안전 표어로 어떨까요?

운명

평생을 나만 보고 살 수 있어?

평생을 나 안 보고 살 수 있어?

@japmoonzip
연애는 필수 결혼은 선택. 가슴이 뛰는 대로 하면 돼.
<김연자-아모르파티 가사 중 일부>
운명을 사랑하라. 또한 사랑하라 운명 같은
<양처로띠>
*아모르파티[amor fati] : 자신의 운명을 사랑하라는 의미로, 인간이 가져야 할 삶의 태도를 설명하는 프리드리히 니체의 용어이다. 운명애(運命愛)라고도 한다. (두산백과)

입춘

누구에게나 그렇듯
내게도 봄은 왔다

부르튼 입술을 달고 살던
시린 겨울을 지나

촉촉하게 이슬 맺힌 풀잎처럼
입(맞)춘 그날

내게도 봄이 왔다

@japmoonzip
입춘이 지나갔다죠. 모두 지나가도 다시 오기 마련입니다.
시린 이별에 헛헛한 님아, 마음에 보일러 올려 따뜻한 방 한 칸 마련해두세요.
사랑은 다시 채워질 거예요.

아마 시리즈

해는 서쪽에서 뜰걸요 아마

좌측통행일걸요 아마

브레이크는 왼쪽일걸요 아마

층간 소음 내면 떡 돌릴걸요 아마

운동하면 수명 단축될걸요 아마

담배 피우면 핵간지 날걸요 아마

맛있게 먹으면 살 안 찔걸요 아마

돈 많으면 사는 거 재미없을걸요 아마

그나저나 그저 행복했으면 좋겠어요 엄마

@japmoonzip

방금 나열했던 말들이 헷갈릴걸요 아마
혹은 알고도 모르는척하는 사람도 있을걸요 아마

은화 식물

지지 않는 꽃은 없지만

끝끝내 피지 않는 꽃은 없다

@japmoonzip
지금 나의 삶이 내가 원한 꽃길이 아니라도 걱정하지 마세요.
열심히 꿈꾸고, 꾸준히 행동한다면 끝내 꽃피울 거예요.
-반박1 : 끝끝내 피지 않는 꽃도 있으면요?
-반박2 : 고사리와 이끼는 꽃이 피지 않는다는데요? 글 내용 틀렸쥬 아니쥬

*그냥 좋은 응원의 글로 이해해 주시면 안 될까요?
 반박 시 꽃으로 뚝배기 깰 예정:)

내 집 마련

그까이꺼 그냥

대~출

@japmoonzip
해도 안됨..

음주 운전

호랑이는 죽어서 가죽을 남기고
사람은 죽으면 남은 가족은 어떡해
음주 운전은 살인입니다
제발 멈춰 주세요

@japmoonzip
싹 다 잡아가라 제발.

과유불급
불광불급

지나친 것은 미치지 못한 것과 같다

미치지 않으면 미치지 못한다

아니 어떻게 해야 될지 몰라 미치겠네

@japmoonzip
이랬다가 저랬다가 왔다 갔다...

차고 차고 차이다

내 마음이 너로 가득 차다

그랬던 마음이 이제는 그저 차다

@japmoonzip
뜨겁게 가득 찼던 내 마음이 차갑게 식어가는 줄도 몰랐다.
난 그렇게 너에게 차였다.

걔마음 차차차...

밀크커피&커피우유

밀크커피는 커피다

커피우유는 우유다

본질은 뒤에 있다

우리의 삶도 뒤가 있을 테니

지금 앞 글자가 선명하지 않더라도 낙심하지 말길

어차피

곱창 먹고 볶음밥

대패 먹고 볶음밥

감자탕 먹고 볶음밥

그냥 인생은 볶은 밥이다

@japmoonzip
볶은 밥 먹고 싶어서 적었다는 게 학계의 정설.

연애와 주식

이 둘의 공통점은 좋을 때도 있고 나쁠 때도 있으며
예측이 어려운 것이다
잘하는 방법으로는 좋은 사람(기업)과 함께
오래가는 것이다
차이점으로는 끝이 다르다는 것
주식은 익절(이익을 보고 정리)이 있지만
연애는 대부분 손절(손실을 보고 정리)이 많기 때문이다
그런 점에서 연애가 주식보다 더 어렵지 않나 싶다

@japmoonzip
그런데 주식도 손절만 있던데요...??

*한강 보며 소주 한 병 원샷...(feat.천호진배우님)

행복과 행운

많은 사람이 알고 있듯 네잎클로버의 꽃말은 행운입니다
세잎 클로버의 꽃말이 행복이란 건 모두가 알고 있진 않죠
행운만을 쫓아 근처에 보지 못한 많은 행복을 놓치고
있는 건 아닌지 주변을 둘러보세요
크고 작은 수많은 세잎 클로버가 있을 겁니다
모두 행복합시다

@japmoonzip

I want to win a lotto.

어쩔 어쩔

나를 비난하는 사람에게는
어쩔 어쩔

나를 칭찬하는 사람에게는
우쭐 우쭐

가끔 우쭐대도 귀여워해줄거야

@japmoonzip
가끔 주변 사람의 가벼운 칭찬에도 우쭐해지곤 합니다.
저도 어쩔 수 없는 고래인가봐요.

만원 한 장

'겨울 외투에 만원 지폐 한 장 넣어 놓기'
라는 글을 본 적이 있다
날씨가 쌀쌀해져 옷을 꺼내 입었을 때
습관적으로 주머니에 넣은 손에 만 원짜리가 쫙!!
기뻐할 나를 생각하며!

@japmoonzip
당근마켓 구매자 개이득

페이스북

Face book
or e-book

@japmoonzip
어느 것에 시간을 더 투자하는 게 좋을까요?

마크 저커버그 형님 악감정은 없습니다...
그리고 사실 페이스북보다는 유튜브죠:)

안주

현실에 안주하지 말고 꿈을 좇아보는건 어때?
실패하면 뭐 어때
나중에 안줏거리 하나 느는 거지 뭐

@japmoonzip
안줏거리만 너무 많으면 술맛이...엄...

유도리

'유도리 있게 해라'의 본 뜻
방법은 가르쳐주지 않지만(물론 본인도 모름)
니 소신껏 생각해서 내 맘에 쏙 들게 일을 처리 해놓아라

음..맞는 말이다
쳐 맞는 말

@japmoonzip
아시겠어요 손배님?

메뉴판

손님 여기 메뉴판 있습니다. 보시고 주문해 주세요

어? 잠시만요. 여기 메뉴가 두 가지뿐이네요?

네? 무슨?

메뉴, menu, me n u, me & you
여기 우리 둘뿐이네요.(찡끗)

....자세히 보시고 벨 눌러주세요

(조짓다...나갈까...)

@japmoonzip
얼굴 천재 아니면 안 될 듯...

부레옥잠

부란한 마음, 걱정거리들
레알로다가 해결되지 않을 때는?
옥케이 해결 방법이 있습니다
잠부터 한번 푹 자보세요

@japmoonzip

7~8시간을 잔다면 인생의 약 1/3을 자는 것이지만, 잘 자고 나머지 시간을 힘차고 멋지게 살아가는 것도 나쁘지 않을 것 같다.
잠이 보약:)

신데 렐라

눈을 감은지 한참이 됐다
지금이 몇 '신데'
아직 못 자고 있는지
12시가 다 되어간다
큰일이다
네 생각이 밤새 끊이질 않는다
모짜렐라 치즈처럼 쭉 늘어나는 네 생각에
잠 못 자는 이 밤
참 못 자는 이 밤
못 자
'렐라'...

@japmoonzip
너를 떠올린다...
허한 마음이 든다...
냉동실을 열었다...
모짜렐라 핫도그가 보인다...
렌지에 1분...
그래 역시
모짜렐라는 진리

최고의 방어

최고의 방어는 공격이라 했던가
그러나 나이가 들어감에 느끼는 바
최고의 방어는 '대방어'다

@japmoonzip
쌀쌀해지면 방어 한 번은 먹어줘야죠?

월요병 완치법

주변에 나의 사람이 기운이 없고 지쳐 보일 때
특히 월요병일 때, 깜짝 선물을 해보세요
작은 선물이라도 좋아요
(예를 들어 기프티콘, 이모티콘 등)
생일 혹은 특정 기념일에 알고 받는 선물도 기분이 좋은데
뜻밖의 선물은 너무나도 기분이 좋을 거예요
우는 아이도 그치게 하는 산타 할아버지의 선물처럼
기운 없던 나의 사람의 월요병이 극복될 거예요

그치? :)

@japmoonzip
경험담입니다.
믿고 따라 해 보세요:)

나이 고백

오 나의 늦은 20대 고백
다시 시작할 수 있는 '나이'기에
다시 일어설 수 있는 '나'이기에

@japmoonzip
항상 늦은 줄 알았지만 아니었습니다.
뭐든 시작해 봐야겠어요.
그리고 저는 사실
서른 넘음… 또르르

솔로몬

오늘도 네게 전화를 건다
전화기에 대고 열변을 토한다
너는 한두 번이 아닌 듯
'그래 그건 걔가 잘못했네' 자연스레 내 편을 들어주며,
너도 실수한 게 있다며 좋은 지적도 아끼지 않는다
마음이 편해진다
너의 연애 상담은 명쾌하다
역시 너는 나의 '솔로'몬

@japmoonzip
솔로인 사람이 연애 박사인 경우가 종종 있지요.
그나저나 혹시 아직도 솔로인 사람이 있나요…?
(이 글 보고 잠들기 전 베개 적시기 금지)

물가에 눈가에

여전히 나를 물가에 내놓은 아이처럼 보시는 우리 엄마
철들고 보니 눈가에 주름이 많이 지었다
더 늦기 전에 웃음꽃 활짝 피게 만들어 드려야지

@japmoonzip
물가엔…돌 팅기기
눈가엔…보톡스가 답이려나?

Nike shoes

신발 사고 한 번 신었는데 좀 작아서
엄마에게 줬더니 너무나 좋아하신다
너무 이쁘고 발에도 맞다면서
곧 엄마 생신이라 선물 뭐 필요하냐고 여쭤보니
그냥 이 신발을 선물로 달라고 하신다
에이..그래도 한 번 신은 건데 어떻게...
나..나이스!! 아 아니 나이키!! :)

@japmoonzip
사실 또 잘 챙겨드렸습니다...후레자식 아니에요:)

솔크

설크 : 설레는 크리스마스

솔크 ([이탈리아어]soloChristmas)

    : 연인 없이 홀로 지내는 크리스마스.

술...크~ 쓰다...

@japmoonzip
아니 초록창에 명사로 있는 거 실화냐고...

힌트

삶의 질을 높일 수 있는
HinT를 내가 하나 줄게
그게 뭐냐면~
Happy in Travel
여행 속에 행복이 있다!!
명심하라구!

@japmoonzip
저의 계모임명이기도 합니다:)

X-mas

크리스마스는 한 획 차이죠.

LO N ELY
LO V ELY

@japmoonzip
사실 연인이든 가족이든 친구든 사랑하는 사람과 함께라면 러블리한 크리스마스겠죠? :)

배움의 끝

배움에는 끝이 없다
더 깊이 파고들 뿐이다
다만 기피는 있다...

@japmoonzip
배움을 즐기고 행하시는 모든 분들에게 응원을 드립니다.

그룹콜

토요일 밤 잠이 들 무렵 K톡 그룹콜이 갑자기 울렸다
4명의 친구들이 있는 방으로, 타지에 있는 친구의 콜이었다
작은 울림으로 시작된 전화로 누구는 누워서, 누구는
컴퓨터로, 누구는 맥주 한 캔을 까며 추억을 얘기하고,
누구는 일상을 얘기하며 우리는 한참 깔깔거리며 웃었다
그렇게 근황 토크도 하며 문득 시간을 보니
무려 4시간이나 했네?
우리는 그렇게 각자의 집에서 1차, 2차를 달린 셈이다
시간이 많이 흘러 각자의 삶이 생겨 자주 보지도 못하니
더없이 특별하고 소중한 시간이었다

@japmoonzip
한 번 해보세요! 생각보다 재밌습니다:)

#내얘기먼저들어달라고
#오디오겹침주의

중고

사랑하니까 내 마음 다 준 거잖아
헤어졌으니 이 마음 이제 다 중고잖아

@japmoonzip
그냥 당근 마켓에 올릴까...

공간의 공감

볕이 따사로운 날
인적 드문 큰 느티나무 밑 풀 밭에
돗자리 하나 펴고 눕는다

내가 좋아하는 책에
향긋하고 고소한 커피 한 모금

때마침 시원한 바람이 분다
사르르 사르르 풀잎 소리

나뭇잎에 가려 살짝살짝 비치는
햇빛 받으며
스르륵 잠이 드는

공간의 공감
공간의 오감

@japmoonzip
느껴지시나요?

나만의
공간
멈춰진
시간

한 끗 차이

Champ : 챔피언

Chump : 얼간이

@japmoonzip

한 끗에 5억을 태워???

이 정도면 태울만 하겠죠?

정인아 미안해

정인아 정말 미안해
인간이길 포기한 악마들과 어른들로 인해
아름다운 세상에 태어나 사랑받고 자라야 할 너인데

미처 뛰놀아 보지도 못하고 하늘나라로 갔구나
안심하고 자랄 수 있는 환경을 만들어 주지 못해서
　너무 미안하구나... 늦었지만 이제라도
해내어 볼게 우리가 바꿔볼게

@japmoonzip
거기서는 꼭 행복하길.

진공 상태

진심이 아니면
공감을 이루어 낼 수 없다

상식이 통하지 않으면
태이저건을 어디다 뒀더라

@japmoonzip
뭐든지 진심이어야 통하겠죠?

힘을 길러라

꾸준함은 꾸준힘이 되더라
결국 작은 반복이
가장 강력한 힘이 되더라

물론 좋은 것만 :)

@japmoonzip
실험 결과 : 꾸준히 왼손으로 칫솔질을 한지 어언 7년.
이제는 피 안 내고 이 잘 닦습니다!

부디 제발

오랜만에 지하철을 탔다
다리가 한 쪽이 없으신 아주머니께서 힘겹게 목발을 짚고
종이를 나누어주며 지하철 한 칸을 빙 돌았다
글을 읽었다
딸의 기저귀와 분유값을 벌고자 이곳으로 왔다고 한다
평소라면 글을 읽고 내 볼일을 봤겠지만
목발이 힘겨워 보여서였을까
종이 밑에 만 원짜리 한 장을 두고 오실 때 같이 내밀었다
아주머니께선 연신 감사하다며,
복 많이 받으라고 해주신다
나는 그 말이 감정이 없는 메마른 목소리로 들렸다
그분이 너무 지치고 힘들어서였기 때문일까
아니면 탁해진 사회에 대한 나의 치우친 생각 때문일까

@japmoonzip
제발 어려운 사람들을 도우려는 우리들의 마음이
고스란히 그들의 품 속에 들어갔으면 좋겠다.
도와주고자 하는 사람들의 마음을 악용해 정말 힘들고 어려운 사람의 돈을
갈취하는 나쁜 놈들이 세상에서 사라지길 바란다.

베르나르 베르베르

매달려 있지 않으면
달리지 못하는 **바나나보트** 보단
사후세계도 마다치 않고
영계 탐험을 떠나는 **타나토노트** 처럼

@japmoonzip
by. 처로나르 처르처르

인터뷰 아님 주의

질문하는 거 좋지
그래 답해줄 수 있어
그런데 계속 질문만 해대면
내가 사람인지 AI인지 헷갈려
질문도 생각을 좀 하고 해줄래?
그래서 그다음 ㅈㄹ문은 뭐라고?

@japmoonzip
어? ㅣ 가 빠졌네요. 오타 죄송합니다.
어 이 가 없 죠?

우리 대화를 하자 인터뷰 아니잖아.
질문에도 예의와 성의가 필요합니다.

나 상담원 아니다.

사랑의 속도

사람마다 사랑의 속도는 다르다
나도 안다
그래도 애가 타는 맘은 어쩔 수 없나 부다
난 너에게 성큼성큼 다가간다
너는 가끔 한 발짝씩 뒤로 물러나는 듯
천천히 내게 다가온다
내 속도 모르고...

@japmoonzip
이때, 그의 속도를 구하시오.(5점)

반짝단짝

어느 시기에 그렇게 찰싹 붙어 다니던
단짝 친구가
세월이 흘러보니
반짝 친구
였기도 하더라

@japmoonzip
아주 가끔 안부를 물으면 건강히 잘 지내고 있다는 소식만으로 사실은 좋다.

안부 인사

오랜만이야 잘 지내지?
건강하고?
그래그래 좋은 날에 한 번 보자!

이런 진심 어린 안부 인사
참으로
감사합니다

오 년 만이야 잘 지내지? 실은 말이지
 '나 결혼해'
 '우리 삼촌이 일하는 곳이 있는데.. 다단계? 아 절대 아니지!'
 '내가 수술비가 급해서 그런데... 혹시 8만 원만 빌려...'

이런 진심 없는 안부 인사와 그 뒤의 말들
참으로
간사합니다

@japmoonzip
일상에서 가식적인 멘트를 경험할 때
간사합니다 라고 오타를 내보아요:)

자존심

부릴 줄만 알았지
버릴 줄은 모르네

@japmoonzip
자존심 때문에 사랑하는 이를 아프게 하는 실수를 하지 말아요.

돈 worry 非 happy

돈으로 행복을 살 순 없지만
불행은 막을 순 있다 하더라
나이가 지긋이 든 아저씨가 말하길
어릴 땐 돈이 최고인 줄 알았는데
나이 들어 살다 보니 돈은 더 최고라고
역시 살아가다 보면 가치관이 360˚ 변하기 마련이구나!

@japmoonzip
돈이 있어도 더 가지고 싶고 충분하지 않다는 마음에 늘 불안하다구요?
그럼 그 욕심과 같은 돈을 버려 버리세요!!
제 주머니 속으로 헤헷

생일 축하

1년 중 축하를 가장 많이 받는 날이 아닐까 싶다
축하를 많이 받았나요?
모두 당신의 입에서 마음에서
나왔던 복이 돌아오는 것입니다

@japmoonzip
라고 친구 생일날 친구에게 말했더니 친구가 엄청 감동 먹었던 기억이 있다.
그리고 제 생일은 1월 18일 입니다:)

Take it slow

완벽하지 않아도 돼
서두르지 않아도 돼
잠깐 멈춰도 돼
천천히 가도 돼
라고 말해주세요

@japmoonzip
추천 곡 Slow-SOLE(쏠)
위로를 받는 느낌의 노래에요.
저의 최애곡입니다.
잠들기 전 한 번 들어보셔요.

야심 만만

야심이 있으십니까?
양심은 있으시고요?

전 샤프심 정도는 있습니다.

@japmoonzip
펜은 칼보다 강하다고 하죠?
제가 이겼습니다.

낙

내 모든 삶의 낙이었던 너는
이제 이름만 끄적끄적 적어보는
낙서일 뿐

@japmoonzip
삶의 낙이 있다!
좋은 사람과 맛난 거 먹을 때, 제대로 소확행이지요:)

#낙곱새땡기네

가나다라마바사

가란다고 진짜 가냐

나는 어떻하라고

다시는 않 볼 것 처럼 떠나버린다

라면 물 끌여 노은거는 어떻해

마음이 시거버렸나보다

바닥난 마음이 끌이다만 라면 갖구나

사랑한 내가 제인이지...

*세종대왕님 주무실 때 베개 흠뻑 적실 수준

@japmoonzip
저 친구 진짜 어떻하지?(정말 어떤지 묻는 중)
맞춤법.. 상당히 무서운 빌런입니다.
저도 아직은 배움이 부족해 초록창에 열심히 찾아보고 글 씁니다.

세 얼간이

얼웨이즈
알이즈웰

@japmoonzip

All is well
- 영화 세 얼간이에서 나온 all is well 의 인도식 독음으로 '모두 잘될 거야' 라는 의미를 가지고 있습니다.

투 스타

때론 이별이 항상 안 좋은 것만은 아니다
배우게 되고, 나를 돌아보게 되고
더 나아갈 발판이 되기도 한다

덤으로 좋은 추억까지 간직한다면

잘 지내니?
난 잘 지내!

@japmoonzip
내겐 좋았던 기억이 많은데
너도 그랬으면 해
부디 같은 맘이었으면 해
Slow-SOLE

빗 속

나의 가족 나의 친구 내 모든 사람들을
비속어로 대하지 말자
앞에선 웃음을 보일지 몰라도 비가 내리는 어느 날
빗속으로 혼자 들어가 눈물을 흘릴지도 모르는 일이니

@japmoonzip
말은 못 주워 담아도, 우산이라도 씌워 주자...

흐르는 강물을
거꾸로 거슬러 오르는

연어 2행시로 연애를 성공할 수 있다고 한다
자 한 번 알아보자
그(녀) 앞으로 가서 말해보자

"운 좀 띄어 줄래?"
"연"
"연애할래?"
"어 이 가 없 네"
"아니 운 만 띄어 주면 되는데... 다.. 다시"
"어 림 도 없 지"
"그.. 그래"

@japmoonzip
다음에 알아보자.

나를 보다

'나를 제대로 보는 법'
거울을 보면 사실 그것은 본디 내 얼굴이 아니다
나는 나의 외면을 제대로 볼 수가 없다
내 왼쪽 눈은 오른쪽에 위치해 있고,
내 오른쪽 눈은 왼쪽에 위치한다
사람들이 보는 나의 외적 모습이 사실은 진짜인 것이다

허나 내면의 나는 그 누가 제대로 볼 수 있을까?
나 자신밖에 없다
나를 정말 제대로 보고 알려면 눈에 보이는 외면보다는
내면을 가꾸어야 하지 않을까?

@japmoonzip
사진 찍어서 '좌우 반전'하면 되는데요?
쉿, 조용 나의 작은 아기새

진동 모드

나는 사람들을 즐겁게 하는 게 너무 좋다
깔깔거리며 소리 내어 크게 웃는
그런 모습을 보면 행복감을 느낀다
언제나 즐거움을 주는 그런 사람이고 싶다
그래도
가끔은
징~하고
큰 울림을 주는, 여운을 남길 수 있는
그런 사람, 그런 삶을 살고 싶다

진동 모드 준비됐나요?

@japmoonzip
언~~~ 언~~~
팔 하지 마세요 헤헷:)

- 언팔 : 언팔로우의 줄임말로, sns에서 팔로우가 새로운 친구를 사귀는 것이라면, 언팔로우는 그 반대로 관계를 끊는 것을 의미한다.

요기요

스트레스 받은 땐
스트레칭 쭉~

욕 나올 땐
요가의 꽃! 명상을

더러운 놈들
욕이나 할 바에
맛난 걸루
요기나 해야지

@japmoonzip
개가 짖는다고 따라 짖을 필요 있나요?

 - 세상의 모든 애견인 여러분 제가 말하는 개는 그 순수하고 귀여운 강아지들이 아닙니다. 아시죠?

bow wow

월월 월월

강아지가 짖어 댄다

그래

월요일이 다가온 것이다

그만 짖어줘

나도 알어...

@japmoonzip
주말은 언제나 순삭:(

홀로

소
홀
해지니
떠나버린 건데

이제 와서
So
Hold
한다고

그게 붙잡아지겠니...

@japmoonzip
집에 오늘 길에 홀로
텅빈 밤 침대에 쏘올로
너와의 기억에 소홀로
소 호롤롤로~~

*홀로-점키 가사 참조

VACATION

피로 회복엔 박카스!
라는데…
아니 그런 거 말구…그 있잖아
박카스 말구
바캉스 같은
Vaca~~~~tion 주세요!!!!

@japmoonzip
회사는 방학이 왜 없죠?

많고 많은

많고 많았던 그 모든 날들에 이제는 네가 없다
끓어오르던 감정이 식어가고
닳아서 못 쓰게 된 내 마음만 남아
너를 끝끝내 끊어내지 못하고
짓밟힌 마음엔 상처의 흔적이 선명하다
맑은 하늘이 어느새 붉게 물들더니
산기슭엔 어둠이 내리고 밝은 별들은 제자리를 찾는다
닭 쫓던 삵을 닮은 우리네 삶은 미련을 가져도 소용없고
닿으면 델 듯 뜨겁던 사랑이라 이렇게 끙끙 앓는 건지
그렇게 우리는 값을 치르며 살아간다

@japmoonzip
1. 이 때의 값을 구하시오.(3점)

<서술형문제>
2. 남은 둘받침은 무엇이 있을까요.(5점)

엉터리

엉터리 지식을 많이 가지고 있는 것보단
올바른 지식을 조금이라도 가지고 있는 게 낫다

전문가는 못되더라도
ㅈ문가는 되지 말아야지

@japmoonzip
ㅈ이 뭔지는 아시죰??

오해 하지 마세요.
힌트는 제 책에 있습니다.

마요네즈 너구리

머릿속에 생각이 없는 이를 꾸짖을 때 쓰는 욕이 안 담긴 말

초급 : 머리에 뇌 대신 우동사리가 들었니?
중급(정마담) : 너구리는 대가리 속에 마요네즈만 들었니?
고급 : 대가리는 머리카락 키우는 화분 같은 X

가끔 내뱉고 싶을 때가 있죠
너~는 뇌에 든 게 없니?
다 비었네...
답이 없어

@japmoonzip
다 비었네.
답이 없네.

이 정도면 차라리 욕 듣는 게 나을지도 모르겠는데요...?

내 생에 봄

1년에 한 번씩 오는 봄이지만
내 생에는 딱 한 번 와서
평생 머무를 봄이다
그런 봄 같은 너를 사랑한다

@japmoonzip
평생 머무를 봄에게 꼭 해주고픈 말입니다:)

프라이빗

오늘도 어김없이 오지라퍼인 당신이 내게 다가오네요
제 앞가림도 못하면서 또 떠들어대네요
하나도 예상을 빗 나가지 않네요

제 개인적인 공간이고
제 사생활이거든요

그냥 좀 빗 겨 가주시겠어요?

@japmoonzip
쓸데없는 참견이나 원치 않는 조언은 필요 없으니
참~하고 싶으시다면 접시물에 코 박고하기:)

*비껴가 맞는 표현입니다

곁

힘들 때 곁을 지켜준 사람
절대 버리지 못한다,고 하던가
그거 다 개소리 였어
아마 잊지는 못하겠지

@japmoonzip
온 맘 다했는데
옴맘이네

설

설레는 명절 연휴의 첫날
사랑하는 가족과 친구에게
감사의 말을 **전**하면
그 기쁨은 **세배**일 듯

@japmoonzip
설날 좋아하세요?

-내가 관심 있는 사람
쟤가 혹시 나 좋아하나?(수줍) : 안 좋아함
- 내가 관심 1도 없는 사람
설(마 네가) 날 좋아하세요?(불안) : 100프로 좋아함

묻다

괜찮냐 묻는다

난 애써 웃는다

그저 속에 묻는다

@japmoonzip

소식
So sick

#주sick
#오태chic

소통

소중하게 진심으로

통하는 사람

@japmoonzip

상대방과 소통이 되지 않는다면, 둘 중 한 명은 진심이 아니지 않을까?
배려 없이 멋대로 우기고 가볍게 대화를 이어나가는 것은 아닐까?
그 사람을 소중하게 여긴다면 진심을 다해 보세요.

우리 모두 소통해요
우리 모두 소통해요

주린이

배움에 첫 발을 내딛는 것은
언제나 설레고 의미 있는 일이다
팬데믹과 맞물려 금융자산의 가치를 알게 된 후로
여러 사람들이 주식에 관심을 가지게 되었다
그야말로 주식 열풍이다

주린이는 좋다 이거야

허나 허황된 욕심으로 가득 차
돈에 굶**주린 이**는 되지 말자

@japmoonzip
일단 나부터 잘하고 보자…

기회

삶이 내 맘대로 되지 않아, 한두 박자 놓쳐도
인생이란 게 다행히 길다는 것
만들어 갈 수 있는 기회가 많다는 것

@japmoonzip
딱딱해지는 발바닥
걸어 걸어 걸어가다 보면
저 넓은 꽃밭에 누워서
난 쉴 수 있겠지
-강산에 형님-

오아시스

마른 사막의 오아시스처럼
살아감에 있어 중요한 것이 있다
특별히 일본어로 알아보자

오하요고자이마스
아리가또고자이마스
시미켄?
스미마셍...

@japmoonzip
오하요 : 안녕
아리가또 : 감사
스미마셍 : 미안
인사, 감사 그리고 사과의 중요성

솔직히 심익현 유익함
올바른 교육의 중요성

재첩

재첩 국에 밥 말아먹을 때 제철,
소에서 일 배우시던 우리 할아버,지
름길로 가지 말고 돌아가라,던
전에서 헤매다 목숨을 잃,어
버린 나사 하나 주워 담는,다
이소에 셀프 계산대 너무 귀찮아

@japmoonzip

<작품 해석> : 나사 두어 개 빠진 것 같은 이 글(가사)은 사실 해석할 수가
없습니다. 해석할게 없기 때문이죠.
제가 가수 래원을 많이 좋아해서 래원 스타일로 한번 적어 봤습니다.
가사의 내용은 잠시 미뤄둔 채 박자와 라임에 모든 것을 때려 박은
래원의 노래를 한 번 들어보세요. 매력에 빠질지도 몰라요.

*유튜브 딩고프리스타일-래원(rayone)

너를 만났다

VR휴먼다큐멘터리 '너를 만났다'를 보았다
눈물을 함빡 흘렸다
떠나보낸 친구가 생각이 났다
시간이 좀 지났기에 이제는 기억 저 어디 너머에 있다고
생각했는데, 갑자기 눈앞까지 밀려온 느낌이다
공부하느라 운동하느라 뭐든 열심히에
가족이든 친구든 잘 챙기던 너를 왜 그리 빨리 데려갔는지..

오랜만에 꿈에라도 한 번 찾아와줘라
얼굴 까먹겠다 짜슥아
보고 싶다... 많이

@japmoonzip
거기선 맛난 거 많이 먹고 놀기만 실컷 놀 거라.
꼭 행복하고.

떠난 친구를 마음 한곳에 가지런히 담아두고
친구에게 부끄럽지 않게 또다시 힘차게 살아나가려고요.
저와 같은 모든 이들을 응원합니다.

물엿

물 맥이고 싶은 사람
엿 먹이고 싶은 사람
합쳐서 물엿 먹이자
물엿 먹이기 힘들면
식혜라도 먹이자

@japmoonzip
물엿이랑 식혜는 원료는 같고 제조과정에서 달라진다고 하네요.

*제가 사는 곳에선 식혜를 단술이라고도 합니다:)

잠재력

자신의 잠재력을 믿는 사람이 있다
그 믿음은 언젠가는 꼭 발현이 된다
그 언젠가를 앞당기기 위해서는
꾸준히 행동하는 실천력과
기회가 왔을 때 놓지지 않는 판단력
삶의 원동력이 되는 긍정력
이 모든 것을 발판 삼아 살아가면
숨은 씨앗 같은 내 안의 잠재력이
꽃이 되어 피어나 원하는 것을 이룰 수 있을 것이다

@japmoonzip
참고로 전 잠재력도 좋지만 사실 잠, 재력이 더 좋습니다.
-건물주의 삶-

*잠,재력 발상은 천재 네티즌인 아무개님의 글을 빌렸습니다.

웃음이 헤프다

'웃음이 헤프다'란 말이 오됐나
많이 웃으면 좋은걸요
웃으면 행복해지잖아요

@japmoonzip
다들 아시죠? 행복해서 웃는 게 아니라 웃어서 행복하다는 걸
그저 웃음만 나오는 나날들이 함께 하시길:)

*조커 웃음병 금지
*TPO에 맞는 눈치 챙기기
*썩소 금지
*부장님 개그 가짜 리액션 금지

번

예전엔 길에서 향긋한 커피 냄새에 이끌려 가보면
'번'을 파는 가게를 보았을 것이다
따끈하고 쫄깃한 식감에 달달하고 고소한 번을
한 입 베어 물면 오감이 만족하는 듯했다
허나 요즘은 번을 파는 가게가 다들 어디 갔는지
하나둘씩 사라져 전처럼 찾기가 힘들다
대신 피로가 누적되어 매사에 무기력증을 느끼는
'번아웃 증후군'이 없는 이들을 찾기 힘든 수준이다
쉽지 않은 삶이지만, 쳇바퀴같이 돌아가는 세상에서
번과 커피 한 잔, 사랑하는 사람과의 따뜻한 대화
그 작은 여유로 이 증후군 친구를 스트라익 아웃 시켜보자

@japmoonzip
요즘에는 휴게소에 번 가게가 있더라고요.
#로띠번 #양처로띠번

사랑 너랑

사랑,에 눈이 멀수록
너랑, 가까워지고 싶은걸

@japmoonzip
난 너란 꽃의 주월 계속 맴도는 별
내 앞에 있을 때, 내 곁에 있을 때 넌 그대로 완벽해
여름처럼 뜨거운 너. 넌 나의 휴가, 기분이 많이 편하고 들떠
내 앞에 있을 때, 내 곁에 있을 때 그때 내가 완성돼

Precious love - Dynamic duo 가사 중 일부

Hey 모(毛)두들 안녕

헤이 모두들 안녕
내가 누군지 아니
하이모 두(頭)들 안녕
내가 누군지 아니

@japmoonzip
탈모인들을 놀리기 위해 쓴 글이 아닙니다.
이 글을 보고 분노가 차오른다면
얼른 탈모 샴푸로 바꾸세요.

동병상련(同病相憐)

기뻤다
너도 어제 공부를 못 하고 잤다니
나도 깜빡 잠들었지 뭐야
근데...?
시험 공부 안했대메...
나는..
나는 진짠데...
그런데 넌 왜 만점이야?
동병상련인 줄 알았는데...
샹련...
ㄱ샹련...

@japmoonzip
안 한 나를 탓해야지
누구를 탓하는가
허나 주둥이는 조심할 수 있지 않은가
만점 친구?
꼭 내 입에서 욕이 나와야 에헴...

모태 솔로

네가 연애를 안 하는 거라구?
맘만 먹으면 할 수 있다구?
아냐 넌 못 하는 거야
못해! 솔로야 너는!

@japmoonzip
왜 뭐 때문에 안 생기지?
외모 때문에?
는 넝담
저도 생겼잖아요:)

새콤달콤

넌
싱거운 내 일상에 뿌린 식초처럼
아주 새콤하기도 하고
한껏 부풀은 핑크빛 솜사탕 마냥
아주 달콤하기도 해

너와 함께 일 땐
새콤달콤 마냥
다 까먹는 나
너 말곤 모든 걸 잊게 돼

@japmoonzip
저는 진짜로 새콤달콤 까는 순간 7개 다 먹습니다.

열탕 온탕

유병재 어록 중
'열탕에 있다 온탕 가면 냉탕 되냐?' 란 말이 있지만
꼭 냉탕은 아니더라도
기분 좋은 시원함의 온도로 느껴질 때가 있어요

무슨 일이든
열탕에 너무 오래 머무르지 말고
온탕으로 옮겨 가봐요
의외의 시원함을 느끼고
기분이 차츰 나아질 거예요

@japmoonzip
거기다 끝나고 먹는 시원한 음료까지!
목욕탕 마니아의 지혜라고 할 수 있죠.

변하지 편하지

편해요
변해요

변하지 말아요
그럴 거면
편하지 말아요

@japmoonzip

편하니까 변하지? 이런 변이 있나..
사실 편해진 만큼 행동은 조금씩 달라지기 마련이다.
허나 편하고 익숙하다고, 그 사람이 소중하다는 것을 잊지 말자.

가짐

가진 것에 대해 만족하고
혹은 만족하지 못하는 것은
마음가짐에 달렸구나
충분히 넉넉함에도 만족하지 못한다면
달리고 달려도 결국 닿지 못할 거예요

@japmoonzip
내 곳간을 꽉 채워도, 거기에 만족하지 못하고
그 옆에 새로운 곳간을 또 만들면
언제나 그랬듯 부족할 것이다.
-양처로띠-

틀렸다

틀렸다고 하지 마요
특이하다고도 하지 마요
특별하다 해줘요
조금 다를 뿐이잖아요

@japmoonzip
나의 소중한 사람에게 상처 주지 말아요.

너 아주 특별해.

사랑이 쩜쩜

너와의 시작엔

사랑이 점점 커져

너와의 끝엔

사랑이 점점 꺼져

사랑이 점점

사랑이 . .

@japmoonzip
운전할 때는 깜빡이 좀 켜줘.
무리한 끼어들기는 제발 꺼져.

무식하다

무식하다란 말을 들었을 때 어떤 기분이 드는가
'아 내가 무지하였구나 더 배워야지' 라고 느낄까?
아니다! 보통의 사람들은 표를 내든, 속으로 감추든
기분이 매우 나쁠 것이다

책을 좀 읽어라 너 좀 (무식하다)
사회에 왜 이리 관심이 없니 (무식하게)
밥을 왜 이리 (무식하게) 먹니

독서를 하니 좋다 책 추천해 줄까?
밥 천천히 먹어 체하겠다야

@japmoonzip
이쁜 말 얼마나 좋으니
진짜!!!

사실 유식보단 우식이죠:)
#최우식짱

한 수

무슨 결정이든 한 수 무르는 건 나쁘지 않다
한 발 물러서 바라보는 것은 도움이 된다

그래 뭐 한 수 무르는 건 뭐 봐줄만해
두 수 무르는 건...?
그렇게 한 수, 두 수, 세 수 무르다

백수까지 갈래?

@japmoonzip
사실 백수가 어디 있습니까
꿈을 찾아 유람하는 멋진 사람들뿐이죠:)

Muzik is my life(feat. gunmulzoo)
사실 돈 많은 무직이 제 꿈입니다.

최고

최소로 얻을 수 있는 행복
맛있는 거 먹기

최소로 얻을 수 있는 기쁨
좋은 상상하기

최소로 얻을 수 있는 사랑
이쁜 말로 표현하기

최소로 얻는 최고

@japmoonzip
자정이 지나 배가 고프다며 겉옷 대충 걸치고 나가
짜파게티와 떡볶이를 사 와서 크크 거리며 신나서 먹는.
그 작고 소소하지만 소중한 행복,
물론 그 속에는 너의 사랑스러운 미소와 따뜻하고 깊은 대화가 있음에.

여러분들도 **최소로 얻는 최고**가 있나요?

생기

사랑하고 싶나요?
행복하고 싶나요?
이루고 싶은 것들이 있나요?
하고 싶은 일들이 마구마구 **생기**나요?
이 모든 것들이 하고 싶다는 것은
생기있는 삶을 살아아고 계신 증거입니다

@japmoonzip
당신의 모든 생기로움을 위하여

#아이고씨그러브라

제목

하루의 제목을 지어보자
오늘 내 일상의 제목은 무엇일까?
과연 나는 오늘 제 몫을 했을까?
제 목숨이 오늘이 마지막일지라도
하루를 이렇게 보냈을까?

@japmoonzip
슈퍼 마리오처럼 목숨이 몇 개 있다면,
가끔은 내 인생을 힘껏 던져 봐도 되려나.

야 이노무 자석아

나는 자석의 법칙이 좋다

아닌**척** 아는**척** 착한**척** 잘난**척** 하는 놈은
차 버리고 싶고

바른 **인**성의 **인**간미 넘치는 사람은
꼭 안아주고 싶다

@japmoonzip

*밀어내는 힘 : 척력, 끌어담기는 힘 : 인력

우리는
서로를 담기는 S극과 N극
평생을 함께할 실과 바늘
S극인 너는 silk
N극인 나는 needle

그럼에도 불구하고

우리는 말한다
난 너의 이러한 모습이 마음에 들지 않는다고
너와 난 이러한 이유 때문에 맞지 않는다고

그럼에도 불구하고 난 너를 사랑한다고
그래서 너를 놓지 못한다고 말한다

그러나 맞지 않는 것을
고통 속에 억지로 끼워 맞추다 보면
혹여 나의 마음이 불구가 되지는 않을까...

@japmoonzip
그 마음이 정말 진심이라면
덜 아프고 덜 힘들 테지만
나 자신을 괴롭히면서까지
나 자신을 속이면서까지
그럼에도 불구하고를 말하지 말아요.

공

축구에서 제일 중요한 건 축구공
농구에서 제일 중요한 건 농구공
인생에서 제일 중요한 건 뭘까요?
바로 나 자신이죠
내가 바로 주인공

@japmoonzip
공놀이에서는
공의 주인이 따로 있지만
인생에서는
내가 주인공이 될 수 있잖아요
우리 멋진 연기를 펼쳐봐요:)

章글(장) 愛사랑(애)

세상은

우리 모두를 밀어 넣지
   시험장에
그러니 우리가 느낄 수밖에 없는
   폐소공포증에
옆에선 이래도 안돼 저래도 안돼
   말장난에
수많은 선택을 요하지만 어느 하나 쉽지 않아
   선택 장애

@japmoonzip
잠시 흔들릴 수는 있을지언정 선택은 결국 본인이 하고 책임을 지는 것이기에 모든 선택 앞에 대충이란 단어를 붙이면 안 되겠죠.

전 무언가를 먹을 때 잘 못 고르는 선택 장애긴 합니다.
뭐든 다 잘 먹거든요:)

밀물 썰물

네게 '행복'이 밀물처럼 밀려 들어왔으면

네 모든 '힘듦'이 썰물에 씻겨 내려가기를

@japmoonzip
반대로 밀려 오고, 씻겨 내려가지 않아야 할 텐데...

기적

노력 없이 **기적**을 바라는 행위 자체가
모순되고 **이기적**인 마음 아닐까

그럼에도 불구하고 기적을 바라는 이유는
노력으로도 되지 않는
그런 일들이 무수히 많기 때문이다

아픈 사람의 병이 낫길 '기도하는 마음'
떠나간 이가 돌아오기를 '기다리는 마음'

@japmoonzip
간혹 매체에서 안타까운 일들을 접하게 되지요.
이미 잃어버린 사람이 돌아올 수 있는 기적은 없지만,
부디 진실만은 밝혀지고 처벌 다운 처벌을 받길 바랄 뿐입니다.

SOLO

빛이 나는 솔로 일지
Bitch! 나는! Solo! 일지
는 본인의 마음먹기에 따라

@japmoonzip
건강한 자존감 챙기기:)

추천곡
solo (feat.Demi Lavato) - Clean Bandit
을 듣고 엉덩이를 흔들어 보세요.
기분이 한결 나아질 거예요.

배비움

모르는 것들을 알아가고
부족한 것을 채우는 배움

허나 너무 가득 찬 것은 부족한 것만 못하니
넘치는 것을 덜어내는 비움

비움의 미학을 배움

@japmoonzip
배를 채우고, 비우는 것 또한 아름답지요.

나의 낭만

낭만적이네요

이 조명

온도

습도

채도

바람도

향기도

이 달콤함도

이 모든 순간도

그리고... 너도

@japmoonzip
존댓말로 시작해서 마무리는 말을 놓는 센스
하지만 이런 멘트는 남주혁님 얼굴로도 안됩니다 남자분들!
명심 하쎄요!
하지말라고 했습니다!

괜찮아

괜찮지 않은데 난 멀쩡하지 않은데
괜찮다 말해야 하는
힘들다 말하면 투정이 되는 그런 야박한 세상
내 입에서 뱉어낸 '괜찮아'가 아닌
너의 입에서 나온 '괜찮아'가 듣고 싶었어

@japmoonzip
위로는 굳이 말하지 않아도
그 사람의 온도에서 이미 느껴지죠.
괜찮아란 말과 함께
따뜻한 포옹이면 됩니다.

저주

네가 그렇게 대단하니?

한 번 져주는 게 어렵니?

그렇게 네 말이 맞다고 박박 우기다 안되니

이젠 이렇게 저주를 퍼붓는 거니

@japmoonzip
가짜 배고픔과의 나의 싸움

뇌 : 야, 물 올려. 너 지금 라면 먹고 싶네
나 : 절대 아니야
뇌 : 아니다. 너 치킨 먹고 싶네 시키자
나 : 안 돼, 참을거야
뇌 : 에레이 쯧, 치킨 알레르기나 걸려라!!

결말

재밌는 영화나 드라마, 책을 볼 때, 얼른 결말이 알고
싶은 적이 있는가? 보통 그렇지 않을 것이다
이다음 장면은 뭘까, 주인공이 이다음에 어떻게 될까라는
궁금증은 있더라도 이 영화의 끝이 지금 당장은
궁금하지 않을 것이다
우리의 삶도 그렇지 않을까?
당장 우리의 삶의 마지막이 궁금하고 중요하겠는가!
오늘 이 하루도 단지 과정일 뿐이니 책 한 장 한 장,
영화 한 씬 한 씬, 드라마 한 편 한 편, 인생의 하루하루를
그 과정을 충분히 감상하고 느끼고 즐기며 살아가자

@japmoonzip
아니 그래서 누가 범인이라고??

며칠

하루 정도면 기억이 **허물**어질까

이틀 정도면 네가 나간 **이 틈**이 메꿔질까

사흘 정도면 **사랑**했던 마음이 **흘**려보내질까

나흘 정도면 **나 홀**로인 게 익숙해질까

@japmoonzip
며칠 정도로 되는 거였으면
이별 노래는 존재하지도 않았어

#우린수많은이별노래중하나였어

아끼다

소중한 이를
아끼는 마음에
말까지 아끼고 있지 않나요
사랑한다면 표현을 아끼지 마세요

@japmoonzip
그리고 무엇보다 소중한
나 자신을 많이 많이 아껴주세요.
정말 세상에서 제일 중요한 일입니다.

Take care of

이제 내게 맘이 식었냐고

나에게 맘 써달라고

처음처럼 돌봐달라고 매달려도

이젠 그저 돌보듯 날 대하네

@japmoonzip
뭘 그리 다급하게 날 떠나려 하니
우리가 보낸 시간이 얼만데...
어찌 된 게 매번 일이 바쁘고 다 급해서
날 이리도 외롭게 했니
그래서 네 시간 좀 내가 살 수 있어?
그 시간 얼만데...
나 좀 살 수 있게... 해줘

49.5%

동전을 던졌다 잡으면 무엇이 보이나
숫자? 그림? 아니다 그냥 동전이다

그 사람의 한 면만 보지 말자
그 사람의 단점이 장점이 될 수가 있고
장점 또한 단점이 될 수도 있다
그냥 그 사람일 뿐이다

그림과 숫자를 보지 말고, 그 동전을 보아라
겉모습과 숫자로 판단 말고, 그 사람을 보아라

@japmoonzip
윙크는
감은 쪽 눈으로는 그 사람의 나쁜 점을 보지 않고
뜬 눈으로는 그 사람의 좋은 점을 보겠다는 의미래요.
윙크는 아무에게나 남발하는 게 아니네요:) 찡끗

지성 & 건성

당신은 지성인가요?

아닌데요

건성인 것 같은데요

매사에 건성건성

아니라구요?

그랬다면 지성

@japmoonzip
건성건성 사는 삶을 지양합시다.
대충 살다 가고 싶음 지향하세요.

저는 지성과 감성, 인성을 겸비한 복합성이 되고 싶어요:)

비락 식혜

자판기에 음료를 뽑으려는데
어라 고장 났네?
뒤에서 기다리던 이가
나를 이상하게 쳐다본다
내가 고장 낸 거 아닌데...
나두 돈 먹었는데...
까마귀 날자 배 떨어진다더니
거 참 그 사람 목 많이 말랐나 보네
나는 그럼 고마 슈퍼 가서
오~비이락 식혜나 한 잔 때려야지!

@japmoonzip
그리곤 그분은 자신의 돈을 넣고 자판기가 또 돈을 먹어버리니
자판기를 톡톡 치는 수준이 아닌 발로 마구마구 쾅쾅 차 댔다.
아주 보기가 흉했다. 세상에는 상식이 존재한다.
자신의 행동들이! 자신이 상대방에게 내뱉은 말이!
More 상식 인지(加)
몰상식 인지(無)
잘 생각해 보시길.

굳이

굳이 너에게 사랑한다
말하지 않아도
티가 나나 봐

굳이 너의 좋은 모습을
찾으려 하지 않아도
끌리나 봐

@japmoonzip
Good E vening
My love

더위 사냥

무더위 말고

無더위 주세욧

@japmoonzip
더워도 여름은 활기차고 빛나는 계절이지요.
더워도 여름은 빛나고 활기차는 계절이지요.
더워도 여름은...
아 참 더위 조심하세요...

36계 줄행랑

오늘도 망치다

오늘 도망치다

@japmoonzip
무장 괴한을 만났을 때 가장 효과적인 방법은?
도망 치는 것이다.
죽(지 않)도록 도망 치는 것이다.
병법 삼십육계 중 마지막인 36계 주위상(走爲上)
도망치는 것도 하나의 뛰어난 전략이란 뜻이다.

힘든 일이 있던 하루를 망쳤다 생각 말고
한 번쯤은 저기 멀리 도망 쳐보세요.
아주아주 자극적이고 맛난 거!
생산적이지 않더라도 그저 재미난 거!
웃음이 나고 내가 좋아하는 그런 즐거운 거!
피로를 달래줄 꿀잠 같은 거!
그런 것들이 있는 곳으로 도망쳐 쏙 숨어봅시다.

오늘은 망한 날이 아니라:(
잠시 도망친 날이 라구요:)

너의 사랑

나는 너의 사랑을 볼 수 있다

아주 사랑스럽고 행복한 표정으로
나를 바라보는 너의 눈빛으로

내 몸에서 나는 향이
너무 좋다며 폭 안기는 너로

달콤한 말이 아닌 진실되고 예쁜 말들로
너는 내게 사랑을 보여주고 있었다

난 그렇게 너의 사랑을 느낄 수 있다

@japmoonzip
누구나 그럴지도 모르지만 나는 좋아하는 것들이 셀 수 없이 많다.

뜨거운 여름의 태양, 푸른 바다, 맑은 하늘, 물에 빠지지 않은 닭(특히 지코바),
복숭아, 파인애플, 수박, 찰옥수수(초당X), 달리기, 족구, 노래 부르기, 코믹
액션 가족 영화, 친구들과 함께하는 게임, 빠져들어 헤어 나오지 못하는 책,
관심받기, 낙서, 캐모마일, 노란색, 뉴치케, 빨래, 포근한 침대에서 늦잠 자기,
귀여운 것들, 나의 생일과 모든 지인들의 생일, 에세이와 자기계발서, 오락실
게임, 반바지와 남방, 카페와 라떼, 사진 찍히기 등
아주 하룻밤을 꼬박 새워 말할 수 있을 정도로 많다.

허나 내가 사랑하는 것들이라면 얘기가 좀 달라진다.

외할머니의 사랑과 그때의 기억, 내가 살아온 날들의 추억,
깔깔 웃음이 나는 즐거운 수다들, 나만 보면 언제나 웃어주는 내 가족,
나의 소중한 사람들, 또한 웃음이 많은 나 자신까지.

그리고 모든 순간의 너를, 나는 아주아주 많이 사랑한다.

당신이 뭘 좋아하는지는 메모장에 빼곡히 적어놨는데,
내가 뭘 좋아하는지는 적어본 기억이 없네요.
나에 대해 더 많이 알아가고 또 생각하는 시간이 되었네요.
그리고 내가 좋아하는 것이 뭔지 기억해 주고 알려주는 이가 있음에
더욱 행복합니다.
내가 사랑하는 것들을 한번 적어보세요:)

갈피

삶에 갈피를 잡지 못해 불안할 때
다 읽지 못해 저기 꽂아둔 책을 꺼내요
책갈피를 뽑아 페이지를 펼쳐 보아요
미뤄뒀던 책 한 권이
내 삶의 방향에
작은 실마리가 될지도 모르는 일이잖아요
앞으로 멋진 삶을 펼쳐 보일 당신을
응원합니다

@japmoonzip
갈채 받을 만한 방법까진 아니더라도 머리채 잡힐 정도는 아니죠?

<문득 기억나는 책>
나미야 잡화점의 기적, 꿈꾸는 다락방, 보통의 존재, 오만과 편견,
달팽이 식당, 종이 인형, 꿀벌과 천둥, 인간관계론, 나를 봐
에세이와 자기계발서를 좋아하는데 평소엔 소설을 가장 많이 읽고,
또 기억에도 많이 남네요. 문득 생각나는 책이 있나요?

만약에

네가 온다면

네가 다가온다면

날 생각한다면

날 좋아한다면

만에 하나

그럴 일이 생긴다면

더 바랄 것이 없을 텐데

@japmoonzip

만에 하나 = 1/10000 = 0.01%
그럴 일은 없겠다.
이상.
허나 하지 않으면 0%
행하면 0.01%라도 가능성이 있는 것!
먼저 다가가 보자.
이상.

야단

따끔한 말보다

따숩은 말로

@japmoonzip
따끔한 말보다는
따끈한 줄빠따가 직빵이려나요..?
는 넝담:)

기억 상실

난 하루마다 기억을 잃으면 좋겠다
다음날 널 볼 때마다
너에게 매번 반할 수 있게

@japmoonzip
아니 기억 안 잃으면 안 반한단 소리네?
헤어져.

Begin again

사람 사이에

사랑 사이에

이기고 지는 게 어딨으랴

그냥 비기고 말자

@japmoonzip
다음날 날씨로 내기를 했다.
나는 흐림, 너는 맑음.
해가 쨍쨍한데 하늘에 비가 내린다. 가랑비 정도 보슬비 정도?
아무리 보슬비일지언정
'그래도 비긴 비다'

난 비라고 우겼지만 넌 용납 못했다.
그래서 우리의 내기는
'비기긴 비겼다'

오늘은 월급날! 월급이 통장을 핧고 지나간다.
주머니에 구멍이 났는지 텅텅 비었다.
이번 달도 계좌에 잔고가
'비긴 비겠다'

스트레스가 넘친다.. 유전은 피했지만 이 상태론 머리가 한쪽은
'비긴 비겠다'

그래도 어떻게 살아보고자 희망이 없는 로또를
'빌긴 빌어본다'

비고 비기고 비었고 비는 것.
이게 바로
'비긴 어게인'이다.

이 것이 바로 #개소리라임 이다.

강약약약

마음이 강하면, 시간이 약이고

마음이 약하면, 시간은 약아진다

@japmoonzip
<시간이 해결해 줘>
우리는 아픔과 슬픔을 견뎌내야 하죠
그리고 어떤 이들은 그것들을
시간이 해결해 준다고 믿죠
하지만 그렇지 않아요
아픔은
시간이 해결해 주지 않아요
그 때의 그 시간 속에 머물러 있다면..
그 과거의 기억 속에서 벗어나지 못한다면
어느 순간 툭 튀어나와 나를 괴롭힐 거예요
그 기억 그 시간 그 공간 속에서 튀쳐나와봐요
달리고 달리고 달려서
땀이 흠뻑 차오를 때까지
그리고 허리를 펴고 앞을 바라봐요
그럼 새로운 것들이
빛나는 무언가가
눈 앞에 펼쳐질 거예요
아팠던 기억을
펼쳐진 모든 아름다운 것들로 채워봐요
그리고 말해줘요
내 아팠던 기억들아
이제는 안녕

가사 느낌의 글을 써보았습니다.
읽지 마시고 불러보세요:)

CH [ANCE/OICE]

좋은 기회가 왔을 때는
역시 그 chance를 놓치지 않고
잘 choice하는 것이 중요하지
눈치 보지 말고
질러버렷!

Chicken leg 말하는거야:)

@japmoonzip
Ch로 시작하는 단어는 참 귀중한게 많지요.
Christmas
CHANEL
Childhood
cholé
Cherish
Chrome
Change
Orange
Chocolate
Cheese
Character
Cheolho
Chief
Cheer up
Challenge
Champion
Cherry
Cheetos Barbecue Flavor
Choi ik hyeon (nae ga imma~ eh)
Chovy 보다 faker
Chu eum chu reom
Chopssaldduk~ memillmook!
Check this out 나는 정상수~

또 귀중한 ch가 뭐가 더 있을까요?

ㅊㅅ퀴즈

빛나는 삶이 될 것인가
ㅊ

빗나가는 삶이 될 것인가
ㅅ

나아가리라
혹은
나가리...라

@japmoonzip
빛나는 인생이 찬란
빗나간 인생은 추락

훈 : 날

훗날 너와 잡은 손이

여전히 따뜻했으면 좋겠다

@japmoonzip
훗 날 가진 너
칭찬해

널 만나 나, 많이 많이
칭찬해:)

파이

오빠 나 얼마만큼 좋아해?
하늘만큼 땅만큼 이런 거 말구우

음...

원주율만큼?

@japmoonzip
원주율 소수점 이하 자릿수만큼
그러니깐 그게 얼마냐면
파이는 초월수라 무한대인데
3.14 1592 6535 8979.. (신남)

어우 오빠 나 문과야..
그만해줄래...

*2021년 기준으로 62조 8318억 5307만 1796번째 자리까지 밝혀졌다.
(출처 나무위키)

*2억 번째 자리 안에서 주민번호 앞자리나 뒷자리, 010을 제외한
자신의 휴대폰 번호 등을 거의 다 찾을 수 있다.

네이버에 원주율 검색해 보세요.
너무나 재밌답니다 크크

yoU Valuable

어우 자외선 미쳤다
얼굴에 기미 생기겠네
잘생김이

오늘따라 왜 이리 짐이 한 보따리야
멋짐이

@japmoonzip
짜즘 나고 지치고 괴롭고 힘들수록 더 자신감을 가져보자.
제 자신에게 하는 말이지만
모두에게 드리는 말이기도 합니다.
앞으로가 더욱 멋질 당신들의 삶을 응원합니다.

*자외선 : UV, ultraviolet rays

화나쟈냐

네가 그런 식으로 말하니까
내가 화나잖아

네가 좋은 말로 해주니까
내 얼굴이 환하잖아

@japmoonzip
<독 묻은 화살>
말을 해도 꼭 나쁜 말로 사람들을 괴롭히는 이가 있다. 그 성난 말들은 상대 방을 할퀴고 찌른다. 그러나 그런 말들은 결국엔 상대를 지나쳐 지구 한 바퀴를 돌아 온갖 안 좋은 기운을 받아들이고, 독 묻은 화살이 되어 그 등 뒤에 모두 꽂히리라. 내가 뱉은 폭언은 결국엔 내가 다시 돌려받기 마련이다.
이쁜 말로 살아가자.
특히 부모님, 형제, 연인, 친구와 같이 가까운 사이일수록 더욱 그래야겠지요?

꼬인 이어폰

느슨하게 밀어주며
양보해야 풀려요

팽팽하게 당기면
매듭은 더 단단해져요

@japmoonzip
꼬인 선을 풀어본 적이 있을 것이다.
'어휴 왜 이렇게 꼬였나' 잘 풀리지 않아 순간 짜증이 확 날 수도 있다.

그럴 때일수록 양쪽 끝을 당기는 게 아니라 꼬인 부분을 찾고 차분하게 안쪽으로 밀어가며, 선을 서로 느슨하게 만들어 가며 풀어야 한다.
그 과정이 귀찮고 불편하고 힘들다고 계속 당기기만 한다면, 매듭은 더 단단해지고 결국 풀 수 없는 지경이 될 수도 있다.
그렇게 꽁꽁 묶여 단단해진 매듭을 풀지 못한다면 결국 잘라내는 수밖에.. 없을지도 모른다.

관계도 마찬가지 아닐까? 상대와 불편하고 꼬인 일이 있을 때, 막상 풀려고 하면 짜증이 나고 답답할 수도 있다.
그 과정은 쉽지 않겠지만 내 생각과 자존심, 고집으로 당기지 않고, 서로 조금씩 양보하며 사이에 공간과 공감을 충분히 만들어내면, 꼬였던 매듭이 조금은 쉽게 풀리지 않을까?

꼬인 이어폰은 갬성
역시 핸드폰은 샘성
전 아이폰, 에어팟 씁니다. 꼬일 일이 없죠;)

행복하자

하루하루가 행복하면
한달한달이 행복하고
올해올해가 행복하죠

오래오래 행복합시다
우리우리 모두모두

@japmoonzip
행복하자 우리
행복하자
아푸지 말고
아부지 말고
-불효자이언티-

글해서 말인데

좋아해서

잘못해서

미안해서

그보다 더

사랑해서

모든 해서는

너라는 행성에

함께 해서

@japmoonzip
아니 말장난 치지말고
그래서 헤서가 누구냐고

*솟아날 구멍이 없을 때도 있다...

네비게이션

답답하고 막막하고 꽉 막히는 길이 있나요?
실은 그 길이 가장 빠르고
좋은 길일지 모르잖아요
너무 조급히 생각하지 말아요

오늘은 조금 더딜지 모르지만
한 번 두 번 몇 번이나 계속 가다 보면
나만의 길을 보는 눈이 생길 거예요

@japmoonzip
서울에 살지 않는 나지만, 근래에 서울에서 운전할 일이 많았다.
강 아래쪽에서 강 위로 올라가는 길을 네비에 찍으면, 적어도 세 가지
이상의 길을 알려준다. 같은 목적지로 가지만 다른 다리, 다른 도로로 알려준다.
사실 어느 길이든 꽉 막히지만 그래도 사고 난 길을 피하고 안전하고 빠른
그리고 정확한 길을 알려줄 테다.

답답하고 막막하고 앞은 보이지 않고, 아무리 해도 나아지지 않는 힘든
길이 있나요? 실은 그 길이 가장 빠르고 좋은 길일지 모르잖아요.
너무 조급히 생각하지 말아요. 내가 선택한 경로를 꾸준히 가다 보면 어느새
원하는 목적지에 도착해 있을 거예요.

영화 '곽철용'
기사 : 회장님 올림픽대로가 막힐 것 같습니다.
철용 : 마포대교는 무너졌냐, 이 ㅅ끼야?
기사 : 말을 왜 그렇게해요?
철용 : 아.. 미안 화 났니?
기사 : 아 몰람 너랑 말 안해.

탄생

누군가에겐 벅찬 일이

누군가에겐 벅찬 일이다

@japmoonzip
영화 '브로커'를 보고...

#피임의중요성
#공익광고협의회
#kobaco
#코바코
연락 주세요 기다릴게요:)

행 쇼

행복한 순간은 찰나일지라도
오래오래 맘속에 머물길

힘든 시간이 꽤 길지라도
끝나는 순간 맘속에서 털어버리길

@japmoonzip
흘러간 슬픔
머무는 행복

남 편 아 님

엄마!!

난 태생이 엄마랑 편이니까

지금은 내가 마누라 편을 들어줘야~

same same easy?

그치?! 맞지?!

@japmoonzip
용돈 올라가는 소리 여기까지 들리네

#아직미혼입니다만

*샘샘(same same) : 주로 '이다' 앞에 쓰여, 두 가지 일의 결과가 같음을 이르는 말 (국어사전 출처)

오늘 할 일

너무 하기 귀찮지만
그래도 일단 해봐야지
가만 그런데 오늘은 해가 졌는데?
내일은 내일의 해가 뜨니까
그럼 내일 해 보는 걸로 하자

@japmoonzip
귀찮다
그래도
괜찮다
내일이 있으니깐

하루만 미루세요
너무 미루면 해로워요.

윷놀이

'개' 같은 상황이 닥쳤나요?
그래도 '도'는 아니죠?
'Back도'는 더더욱 아니죠?
그 위로 '걸'과 '윷'과 '모'도 있으니깐
윷 한 번 더 던져 봅시다!

인생 도 아니면 모!!!

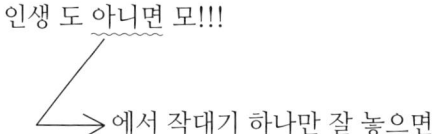

에서 작대기 하나만 잘 놓으면

@japmoonzip
끝날 때까지 끝난 게 아니니 계속 던져 봅시다:)

다음

이번 연애는 어땠어?

Google 말이라고 물어보냐
Daum 부터 이런 연애는 NAVER 안 할 거야
　　　　　　　　　　　　　　E

@japmoonzip
하지만 사람은 언제 그랬냐는 듯
자연스레 제 삶에 스며들더라구요.

추천곡
DAUM(feat.Colde)-헤이즈

이 마음 뭘까

다가갈까

그만 여기서 멈출까

피 말리는...

빛이 없는...

너 내 마음 흔들었으니

두 배로 잘해줘야지

그럼 한 번 봐주려나?

@japmoonzip
고스톱 말하는 거야.
피박에 광박에 흔들었네...
안 봐줄 거라고?
돈 다 잃었네...

약(藥)

입에 쓴 게 약이라던데

너는 내게 너무 단데도 약이잖아

약이 쟉이

@japmoonzip
너와 함께라면 최고로 행복해
초 단위로 즐거워서 초(草) 즐거움(樂)
* 약(藥)
* 풀 - 초(草) : 한자 부수의 하나. '芻' 따위에 쓰인 '艹'를 이른다.
  '花', '茶' 따위에 쓰일 때 명칭은 '초두머리'로 바뀐다.
* 즐거울 - 낙(樂) : 살아가는 데서 느끼는 즐거움이나 재미 또는 고통이
  없이 편안히 지내는 즐거움 (국어사전 출처)

너는 말야

겉으론 단단해 보여도
속은 엄청 여리고 부드러운 아이야
너와 입을 맞출 땐 달달함이 한가득
내 눈에는 또 올마나 이쁜지

@japmoonzip
마카롱 너어~
입에 넣어!

예전엔 조그만 녀석이 몸값이 비싸 아예 먹어보지도 않았던.
한번 먹어보니 최애 디저트가 됐습니다:)

재워 먹기

가끔씩 본가에 내려가면
엄마가 고기를 양념에 잘 재워놨다가
꺼내어 양파, 대파 숭덩숭덩 썰어 넣어
맛있게 구워 한상 차려주시는데
뜨신 밥에 잘 익은 김치와 구수~한 된장찌개
그렇게 한상을 맛나게 먹으면
'이게 집이구나' 하고 느낀다

@japmoonzip
그건 그렇고
나도 재워주고 먹기만 하면
아주 기냥 살맛 날것 같은데
이 두 가지만 하고 싶네 증말

낮달

저는 달을 참 좋아하는데
그중에 낮달을 참 좋아해요
주황빛 물들기 전 문득
하늘을 올려다보면
은빛을 띤 하얀 달이 떠 있을 때가 있어요
어두운 밤하늘의 노란 달과는
또 다른 매력이 있어서 참 좋아합니다
달도 그렇듯
그대도 여러 색을 지닌 매력이 있어
지구가 달을 끌어당기듯
나도 그대에게 끌리나 봐요

@japmoonzip
퇴근길에 낮달이 '안놈'하길래, 사진 찍어 놨다가
술 한잔 하구 기분 좋은 취함에 쓴 글이래요.

진짜 봄

내가 그려 온
네가 내게 옴

난 너를 봄
넌 내게 봄

@japmoonzip
8월 즈음 연애를 시작할 때 난 '한 여름의 봄이 왔다'라는 표현을 썼다.
그 후로도 10월엔 가을의 봄, 1월엔 겨울의 봄 이렇게 표현을 했었다.
순서도 딱 여름 가을 겨울.
난 그렇게 봄을 맞이하려고 더운 여름, 쓸쓸한 가을, 매서운 겨울을
지나쳐 왔는지도 모르겠다. 따스한 봄바람처럼 내게도 '봄의 봄'이 왔다.
바야흐로 내 생의 봄이다. 제 개인적인 이야기지만 글을 쓰고, 또 사람을
그리니 정말 찾아오더라고요. 모두 머릿속에 사람을 그려보세요♥

헌신포차

너를 사랑했기에
포 떼고
차 떼고
헌신했는데
너는 결국 떠나버리니
나는 마음이 졸라 상해 버리고...

@japmoonzip
장기(게임)에서 '차'와 '포'는 엄청 중요한 장기말 입니다.
'마', '상', '사', '졸'도 장기말 입니다.

웃긴놈

난 웃긴 사람이지
우스운 사람이고 싶진 않다

난 아무거나 다 좋지만
아무것도 아니고 싶진 않다

@japmoonzip
금정적인 힘! 낙천적인 것과는 다르다.
금정에는 큰 힘이 있다고 믿는다.
금정에서 오는 무한한 자신감과 에너지가 있다.
금정적으로 생각해서 잘 못 될 수가 없다.
설령 도전에 실패하였더라도 경험만이 존재할 뿐이다.
이런 생각을 가질 수 있는 이것이 바로 금정의 힘이다.
누군가는 말한다. 그렇게 금정적으로만 생각하면 다 잘 풀리냐고.
꼭 부정적으로 접근하지 않아도, 개선할 수 있고 옳은 선택을 할 수 있다.
부정보다는 금정이 최선이다.
부정아 다 덤벼라!

금정은 넘치는 체력에서 오고, 여유는 두둑한 주머니에서 온다던가요?
과연 맞을까?
...
맞다! 맞는 것 같다!
체력이 안되어 일을 해도 놀아도 내 몸이 피곤하고 지치는데,
과연 모든 대상, 모든 상황을 금정적으로 볼 수 있을까?
아마 부정적으로 보지 않는 것만으로도 다행일 것이다.
금정의 원천인 체력은 신체적 혹은 정신적인 단련과 성장으로 완성이 된다.
체력은 금정이 되고 금정의 힘은 또 힘껏 살아나갈 원동력이 될 것이다.

돈이 많아야 여유롭다는 말이 사뭇 물질의 풍요만이 전부인 듯 말하지만,
그 말속에는 그 여유를 얻기 위해서는 열정과 노력으로 열심히 살아가야 하고
그런 가치 있는 삶이 바탕이 되어야 그 여유의 본질이 완성된다는
그런 의미가 담겨 있는 것이 아닐까.

무엇일까

한 여름 뜨거운 햇빛을 사랑하는 너는
샛노란 빛을 내며
톡톡 터지는 매력을 뽐내는 친구야
그리고 마음씨는 아주 따듯하지
사람들에게 하모니카 불며
즐거움을 주기도 하는
너는 나의 아주 오랜 친구

@japmoonzip

정답은 무엇일까요?

기억

〈기억을 잃어 간다는 것〉
오랜만에 뵙는 할머니께서 금방 물었던 말을 또 묻는다
밥은 먹고 왔냐고, 또 돌아서선 밥은 먹고 왔냐고
그렇게 손주 밥 생각만 하신다
난 자꾸만 다가올 날들에 걱정이 앞선다
하고 있는 일이 고되지는 않느냐, 너는 알아서 잘하니
걱정이 없다, 밥은 잘 챙겨 먹고 다니냐, 그렇게 당신
얘기는 하나 하지 않고 내 얘기만 계속하신다
기억을 잃어
비워지는 공간에 채워진 것이
나였다

@japmoonzip
사랑합니다 할모니

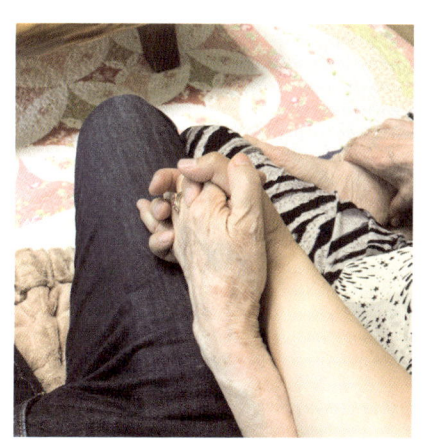

FLY THE SKY

오늘도 힘든 하루를 살아가는
아니 버텨내고 이겨내는 너에게
그것만으로도 충분히 멋지고 대단하다고 말해주고 싶어
그런 너를 열심히 응원할게

천천히 그리고 꾸준히 삶을 향해 달려나가 보자
네게 숨겨진 큰 날개가 돋아나
더 넓고 멋진 세상을 볼 수 있을 테니

하늘 높이 플라이
한창 넌 이쁠 나이

@japmoonzip
사실 모두가 어느때든 지금이 가장 이쁠 나이죠:)

멋진 계획

다이어트는 계획적으로! 딱 오늘까지만 치킨 시키자!
흠 내일부터는 아침에는 샐러드를 먹을 거구
점심엔 밥 반 공기에 단백질 위주로
저녁엔 토마토와 닭가슴살
좋았어!!
하지만 이건 그저 멋진 계획일 뿐
며칠 후 난 또다시 늦은 밤이 되면
배가 고파 고민고민(시킬지말지, 뭘 먹을지) 끝에
야식을 시켜버리는 거지!!

이것이야말로 정말 멋진 계획 아니니?!!

@japmoonzip
뇌 : 낼부터는 진짜 '배달' 금지!!!
배 : 뇌이놈!!! '배'는 뇌와는 생각이 좀 '달'라!!! 시켜 달라!!! 4달라!!!

후회

못하고 후회하는 것보단

하고 나서 후회하는 게 낫다

@japmoonzip
제 좌우명입니다!
그래서 제 인생의 모토 그대로 실천하려고, 해보고 싶었던 머리를 기르기 시작했습니다. 허나 계속 기르던 와중, 주변의 놀림과 엄청난 만류는 견딜 수 있었으나, 거울을 볼 때마다 저 조차도 꼴 보기 싫은.. 거울을 보고 이병헌처럼 놀라던... 맞습니다! 단발은 아무나 하는 게 아니었습니다. 패션에 관심이 많던 저는 단발머리가 제 패션의 일부가 될 줄 알았지만,역시... 패션의 완성은 얼굴... 때마침 교정까지 하고 있던 터라 제 외모 자존감은 급락하게 되어, 결국 1년 정도를 기르고 정리를 했습니다. 그래도 못내 아쉬워 뒷머리를 남기며, 쥐드래건을 따라 했었죠. 못하고 생각만 했다면 계속 미련 남고 후회했겠죠?! 실은 기르는 1년 동안 꽤나 만족도 했습니다. (이태원, 홍대에서 넉살 소리도 듣고 크크)

여기서 제가 느낀 교훈은 여러분들도 못하고 후회하는 것보다!
하고 나서 후회하는 게 낫다!(불법제외)
가 아니라
단발=원빈 끝.

그냥 못 보고 후회할 걸 하시는 분들 있으시면...어쩌죠?

#못생긴언니 #이모님 #양금보
#남자화장실들어가니할아버지흠칫놀라는비쥬얼

수채화

파란 칠을 하다 아차차
시냇물이 조르르르 흐른다

하얀 칠을 하다 아차차
구름이 몽그르르 퍼진다

노란 칠을 하다 아차차
예쁜 꽃이 표로로롱 핀다

내 생각을 바꿔 야빠빠
웃음꽃이 뾰로로롱 피었다

@japmoonzip
흰 종이 위에 그림을 그리려다 실수로 물을 쏟으면 그림이 흐려지지만,
물을 이용해 그림을 그리는 수채화처럼 가끔은 어떠한 상황에 오는 문제들을
적당히 활용해 보는 건 어떨까요.

죄송한데 이거 유화인데요??

ing

막힌 길은 making 해서 가고

막힌 돌은 breaking 해서 빼고

삶에 NG는 없습니다
ing만 있을 뿐

*소리 내어서 읽어보세요

@japmoonzip
우리 삶에는
NG 란 없습니다.
No Good? That's no no
노굿 말고
넘굿!!

포통령

포통령을 뽑기 전 토론회가 열리고
그걸 시청하는 포켓몬들

피카츄 : (어우 둘이 거의) 삐까삐까

이상해씨 : (아니 다들 정상이 아니야) 이상해...

파이리 : (둘 다 영~)파이~다

꼬부기 : 우린 거북선 다른 배들 통통
　　　　　그냥 통통 떨어져라 똥통

@japmoonzip
전 포켓몬 얘기 한 건데요??

*파이다 : (형용사)'나쁘다' 혹은 '안좋다'를 뜻하는 경상도 사투리.
예)"이 집 국밥 영~ 파이다"
=> 여기 식당 국밥 맛이 별로다.

*꼬부기 대사는 '거북선'노래의 가사 입니다.

*포켓몬스터 캐릭터를 색연필로 따라 그린 그림입니다.

행복한 사람

사랑하는 것은
사랑을 받느니 보다 행복하나니라
오늘도 나는 너에게 편지를 쓰나니
그리운 이여 그러면 안녕!
설령 이것이 이 세상 마지막 인사가 될지라도
사랑하였으므로 나는 진정 행복하였네라

청마 유치환 시인님의 〈행복〉중

@japmoonzip
우연히 들른 청마기념관에서 글짓기 공모가 있길래 참여를 했습니다.
그로부터 4개월 뒤.. 두둥!! 아니 글쎄 제가 수상을 하게 됐지 뭡니까.
글을 써서는 처음으로 상을 타본 경험이었습니다. 아주 큰상은 아닐지라도
저에게는 매우 의미 있고 소중한 상이지요. 너무너무 기뻤구요.
또한 저 보다 더 자랑스러워하고 기뻐해주고 축하해주는 이가 있어, 더욱
뿌듯하고 행복합니다.
저는 글을 사랑합니다. 그래서 자랑합니다.

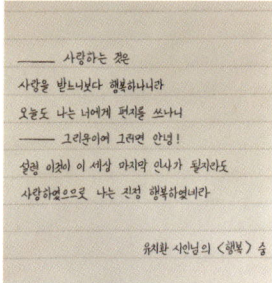

*청마 유치환 시인님의 '행복'의 한 구절을 필사 해보았습니다.

단정

가끔 친하다는 이유로
나도 나를 모르겠는데
나를 단정 짓는 무례한 사람들이 있다

@japmoonzip
건.팡.진

CLOVER

뜻밖의 행운은 우리를 즐겁게 해줍니다
허나 행운만을 쫓는다면
다른 중요한 무언가를 놓칠 수 있죠
C : 욕망하는 것을 줄이고
R : 재해석해 보세요
무엇이 보이나요?

CLOVER

@japmoonzip
사람보다 큰 행운이 있을까요?

*Craving : 갈망, 열망, 욕망.
*Reimagine : 재해석하다. 다시 생각하다.

빌빌

money money 해도 건강이 최고니깐

너무 bill bill 거리지 말자

@japmoonzip
그.러.니.깐.부.자.되.려.면 미국 주식은 뭘 사라구요?

내가...뭐라고...해찌?

이모지

시프트 육육에서

이모지로

문자 무제한에서

카톡으로

너의 눈에서

스마트폰으로...

* Shift + 66 = ^^

@japmoonzip
내 사랑스러운 표정이 담겨있던 너의 눈...ㅠㅅㅠ
요즘은 거의 쓰이지 않지만 카톡 초창기에는 열심히 썼었던, 지금은 한물간
이모티콘을 기리기 위해, 기려봤었던 그림도 함께 합니다.

*이모지(emoji)는 일본의 휴대전화 문자 메시지에서 시작되어 지금은
대부 분의 스마트폰, PC 등 다양한 환경에서 사용되는 그림 문자이다.
(나무위키 출처)

*카카오톡 이모티콘을 색연필로 따라 그린 그림입니다.

lucky

무언가를 이루려면
공을 들이는 건 당연하다
그것 말고도 더 필요한 것이 있는데

동그란 공을 반바퀴만 굴려보자
그럼 그것 또한 가질 수 있을 것이다
당신에게 운도 따라 줄 것이란 말이다

@japmoonzip
한 바퀴 굴리기 있기 없기

#이해가되지않는다면머리를더굴려보세요
#데굴데굴

누구에게

누구에게나

따스할 순 없어도

누군가에게는

따스한 사람입니다

당신은요

*이 글은 QR코드의 영상과 함께 하세요

@japmoonzip

누구에게나 재밌을 순 없어도
누군가에게는 제일 재밌는 사람 입니다.
당신은요.

보기만 봐도 웃음이 나는 걸요.
나에게는 당신이 그런 사람입니다.

해바라기

내게는 누나가 한 명 있다
어릴 적엔 자주 다투곤 했는데 누나가 결혼하고 난 뒤론
자주 보지 않아 그런지 만나면 웃고 떠들기 바쁘다
내가 한창 철없을 적 누나는 일해서 번 돈을 집에
보태주었는데, 내가 놀러 나갈 때면 쫓아 나와서 매번
그렇게 용돈 있냐며 자기 지갑에 몇 푼 안되는 돈을
내어주려 했다
내 주머니는 사실 누나보다 두둑했는데…
난 보통 나가서는 모자란 적 없이 썼었고, 항상 아끼고
쓰지 않았던 누나의 그 돈을 난 받을 수가 없었다
지금도 그때를 생각하면 누나의 마음이 참 애틋하고
고맙다

부모님 다 떠나고 남는 건 누나랑 너뿐이라는 엄마의
말처럼 아직은 조금 서툴고 쑥스럽지만, 누나에게 좀 더
잘 해주어야겠다

*이 글은 QR코드의 영상과 함께 하세요

@japmoonzip

예전부터 자기 결혼할 때 꼭 내가 축가를 불러달라고 말했던 우리 누나.
그래서 해바라기를 좋아하는 누나에게 작은 이벤트를 준비했었다.
어릴 적 싸우다 울린 적은 있지만, 감동 주어서 울리긴 처음이었던 것 같다.
지금은 아주 행복한 결혼 생활 중이다.

영상은 19.03.30 입니다.

살발해

살아가다 보면 삶은 참 쉽지 않다는 걸 느낀다
살만한 날들만 바라며 기다리기엔
세상은 호락호락하지 않고
너무 살발한 것 같다

어릴 적 외할무니가 꽃게 살발라 흰밥 위에 올려주던
그 아무것도 모르던 어린 시절이
가끔씩 그리웁긴 하다

*이 글은 QR코드의 영상과 함께 하세요

@japmoonzip
어느 순간부터 인생이 버겁네 이제 조금만 걸어도 헉헉대
하루하루 변해 모든게 허나 어쩌겠어 내일이 또 오는데
.
여전히 내 피는 젊어 I just wanna be forever young

어릴 적 자주 부르던 노랜데 이제야 딱 제 노래가 되었네요.
살발해 - 다.듀 (feat.Beenzino) 가사중 일부

I'm yours

넌 내 마음을 채워주지 사랑스런 **말로**

빈틈 없이 채워주지 **만루**

내 가슴은 폭발할 듯 뛰어 마치 4번 타자

너에게 달려가기 위해 친 **홈런**

내 입술은 향하지 너의 **볼**

*이 글은 QR코드의 영상과 함께 하세요

@japmoonzip
결국 볼로 출루했다는 얘기 입니다...

*Jason mraz - I'm yours
똥또롱똥 기타 소리가 매우 매력적인 제가 너무나 좋아하는 노래입니다.
못해도 수 백 번은 들은 것 같네요.
I'm yours = 난 니꺼. 날 가져요:)

행복

행복의 요소에는 무엇이 있을까

안정감, 안락함, 즐거움, 편안함

그중 나는 '즐거움'을 가장 사랑한다

그저 재밌다

마냥 웃기다

배가 아프도록 웃으면

행복해지는 기분이 마구마구 든다

그래서 나는 웃기는 게 좋다

오늘도 누군가에게 줄 웃음을 위해

머리를 굴려본다

*이 글은 QR코드의 영상과 함께 하세요

@japmoonzip
누나의 결혼식 축가 이벤트를 위해 해바라기탈을 리폼했던
19.03.29의 영상입니다.

상하다

상한 것 중에 가장 심한 것은 뭘까요

마음이 상한 게 아닐까요

그럴 '**수박**'에 없습니다

왜냐구요? 이유는 없습니다

'**막** (언어) **걸리**'는 대로 말한 거니까요

*이 글은 QR코드의 영상과 함께 하세요

@japmoonzip
음...
수박막걸리요??
막장드라마 같은 맛이랄까요??

영상은 아주아주 오래전 6년 전의 여름입니다.
#예나선정이딸이에요
#할아버지음식갖구장난쳐서죄송해요

Maxim

Max im

Max I'm

I'm max

I'm enough

*이 글은 QR코드의 영상과 함께 하세요

@japmoonzip
맥심 커피믹스 하나로도 그곳은 카페가 됩니다.
맥심 하나로 충분합니다.

#광고들어오나요?

다이어트 전

확신은 못하지만

항상 자신은 있어

@japmoonzip
넌 스스로 한 약속 지킨 적 있니?
그저 자연스레 시킨 치킨밖에 없니?

콜라(캔) : 고마워 살찔게
콜라(젠) : 고마워 이뻐질게

족발 먹고 합리화 금지

부모

자식 잘못되라고 그러는 부모 없다

얼른 방에 들어가서 구몬 하자

@japmoonzip
저는 빨간펜 했습니다.

시간

1분 전에 내뱉은 나의 말실수가
이미 지난 일이 되었다

1년 전에 고민하던 내 걱정이
이미 지난 일이 되었다

좋든 싫든
시간은 흐른다

@japmoonzip
시간은 되돌릴 수 없다.
그 어떠한 경우라도.

그러니 앞으로 나아가라.
그러니 씻을 수 없는 고통은 남에게 주지 말아라.
그러니 충분히 사랑하라.

오징어 게임

하.. (Siva) 하...
상욱이 형!!!!!
(입술 꽉)
형 인생이 왜 그렇게 빛나는 줄 알아?

하상욱이니까

샤라웃 투 하상욱

@japmoonzip
제가 이런 말장난 같은 글을 쓰는 데는 시인 하상욱 님의 영향이 아주 컸습니다. 많은 공감을 이끌어 내고, 무엇보다 사람들에게 즐거움을 줄 수 있는 글을 쓰셨기 때문이죠.
이 글에 제 마음을 담아 전합니다.

*샤라웃 : "shout out"의 한글 발음으로 래퍼들이 가사에 넣어 그 사람 혹은 단체를 존경할 때 사용된다.(국어사전)

시키다

배고플 때는 음식을 시키면 되죠
그럼 웃음이 필요할 땐
저에게 말하세요
즐거운 미소를 띨 수 있는 시 켜드릴게요
재미없으시다구요?
시꺼럽다구요?
시 꺼드릴게요...

@japmoonzip
재밌는 처로의 즐거운 시로
노잼이라고 하면 시로시로

화내고 열 내지 마시구 식히세요...

시로시로라며 귀척하는 모습에 혹 비난을 받을까 노심초사하여 비난 방지용으로 유난히도 내성적이었던 어린 처로의 사진을 조금 공개합니다:)

소설집

두 페이지

여여름름

맴맴매앰-맴 맴맴매앰-맴!
스피오 스피오 **맴맴 맴맴!**
여름 알람이 쉬질 않고 울린다. 시끄럽다.
이 시골 매미들! 증말 맴이 드는 구석이 없다.

시끄러워 큰 나무를 발로 **쿵쿵** 찼다.
휙- 엇?! 마지막 헛 발길질에 그만 뒤로 고꾸라졌다.
에잇. 여기 오느라 지난 주말에 새로 산 옷을 **툭툭** 털고
주위를 둘러봤다.
흠흠 다행히 아무도 보지 못한 것 같다.
사실은.. 정말 다행인 건지...

넌 **종종** 이 나무 그늘로 나오곤 했다.
그런데 오늘은 어쩜 이리도 보이질 않는 건지.
이 동네는 오늘이 마지막이라고 말한 그날
넌 내가 **영영** 돌아오지 않을 사람인 양
아무 말 없이 그저 **펑펑** 울기만 했다.

쨍쨍 내리쬐는 햇볕에 나무 그늘 아래인데도
콧등에 땀이 **뽈뽈** 나기 시작했다.
슬슬 짜증이 나기 시작했다.
'어찌 내가 온 줄도 모른담'
혼자 **툴툴**거렸다.

시간이 한참 지나 지친 나는
그냥 할머니 집으로 돌아가기로 맘먹었다.
윗마을로 아쉬운 발걸음을 옮기려는 순간이었다.
저 멀리 숨이 차 **헉헉**거리는 소리와 함께
아주 익숙한 목소리가 날 부른다.

"야 이기영!"

여름이었다.

@japmoonzip

수수한 차림의 너는
그저 가만히 **서서** 날 보고 있다.
처음 널 본 그때처럼 **쿵쿵** 심장이 뛴다.
난 너에게 **점점** 더 가까이 다가갔다.
가까이 보니 눈가가 **촉촉**하다.
날 보더니 또다시 그날처럼 **광광** 울어버린다.
우는 네 모습에 내 심장이 **쿡쿡** 쑤신다.
너를 **살살** 달래고 꼬옥 안아주며 말했다.
"☐☐☐☐☐☐☐"

정답은?
1. "많이 보고 싶었어"
2. "나 없어서 많이 심심했지?"
3. "빵샷 깨랑까랑. 빵빵 뽕뽕빵빵 땅땅 따라라라"
4. "나 결혼해. 여기 청첩장"

문자 왔송

부산에서 상경한지 일 년쯤 되는 해에
한 녀석이 전학을 왔다.
이 친구도 부산에서 왔단다.
짜식 내가 많이 챙겨줘야겠군.
어색한 서울말 대신 사투리로 친근하게 인사하며 챙겨줬다.
그로부터 며칠 뒤, 문자가 하나 왔다.

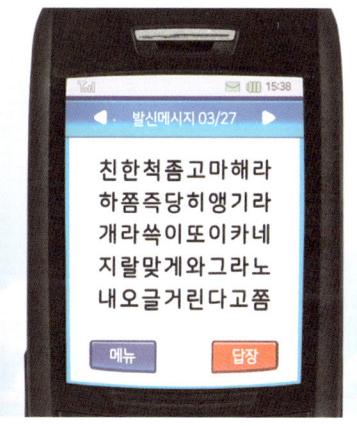

조금은 친해졌다 싶었는데 친한 척 좀 고마 하란다.
참내 어이가 없어서 괘씸한 이놈에게
40자 꽉꽉 채워서 답장을 보냈다!!

@japmoonzip
문자 세대인 이들에게 따뜻한 추억을 선물할 수 있는 글이 되길.

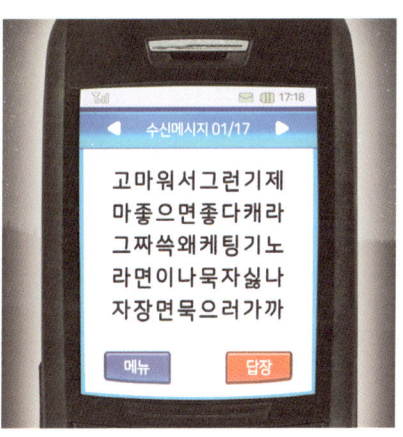

말리꽃

구름이 가득했던 하늘이 조금씩 밝아진다.
비는 그쳤다.
옥상에 올라오니 저 멀리 항상 나를 이유 없이 갈구는
짜증 나는 상사가 담배를 뻑뻑(you)
어쩜 저런 사소한 모습조차 보기가 싫은 건지...
누가 상냥한 걸 바라나?
뭐 천사 같은 친절을 바라냐?!!!
그냥 나 좀 내비두라고 제바알!!!
그래 뭐 날이라도 좋으니 그게 어디냐.
"아.. 날씨 곧 개겠구나"

"뭐? 너 이 새끼 방금 뭐라 했어?"
뜬금없이 쌍욕이 날아온다.
그건 그렇고 귀가 왜 이렇게 어두우면서 밝아?
"너 이 새끼 내 욕했지. 어? 맞아 아니야!!"
'아 당근했지. 이 궁예 같은 쉐키야'
속마음으로..

아 날씨가 맑아져서 혼잣말했습니다
날씨가 개겠다구요
아니 이제 날씨가 갤거 같다구요
아 그게 개 같다는 게 아니라
곧 날씨가 갤 거 같다구요!!
그 제가.. 그
아뇨 아뇨
개기는 게 아니라..
제 말 좀..
아..
후..
진짜...

그냥 너가 ㅈ같다구요.

아? 꿈이구나.
사이다 같은 꿈이었네.
그나저나 오늘 날씨 너무 좋네..
하.. 퇴사 말리네..

@japmoonzip
말리꽃 꽃말은 행복,친절,상냥 이라고 합니다.
모두모두 행복하고 친절하고 상냥한 하루 되세요.
말리꽃하세요:)

가
사
집

가사집 <WERO>

누구에게나 각자의 힘든 순간은 있다
그 순간들에 이 노래가 위로와 힘이 될 수 있기를 바라며

우재석 (31세, 취업 준비생)

〈재석의 이야기〉

오늘도 나는 서류에서 떨어졌다. SKY까지는 아니더라도 인서울의 대학교를 졸업하고, 누구보다 열심히 공부하고 열심히 취업 준비를 했는데 오늘도 보기 좋게 떨어졌다.

이미 취업에 성공해서 회사를 다니는 친구들을 만나는 게 싫어졌다. 내가 너무 초라해지는 것 같았으니까.
친구, 아니 그 어느 누구도 만나고 싶지 않았다.

정말 열심히 잘 해낼 자신이 있는데 기회조차 주지 않는 이 세상이 싫어졌다. 취업 준비로 그렇게 3년을 보냈다. 이럴 바에는 모든 것을 포기하고 공장에라도 들어가 일을 해야 되는 건 아닐까 생각도 든다. 하지만 여태껏 해온 모든 노력들이 아쉬워 다시 또 취업을 준비한다.

끝까지 달려온 너에게(끝. 달. 너)

R&B/soul, 인디음악

오늘은 왜 이리 하늘이 흐려 보일까
네 탓이 아냐 그건 아니잖아
그럴 수 있는 그런 날이잖아
선명하지 않은 날도 있잖아

지금의 넌 미래가 흐릿하다고 해
밝게 빛나고 있어 네 안의 불꽃
네가 알잖아
누가 알아주지 않아도
네가 잘하고 있다는 걸

(Chorus)
끝까지 달려온 너에게
시원한 물을 줄 거야
뜨거운 열정 식혀줄
시원한 바람이 불 거야

노력해온 모든 것들은
하나의 점들일 거야
그 점들이 모여 결국엔
선이 되는 거지

오늘은 하늘이 참 맑아 보여
그래 그런지 너도 밝아 보여
지금까지 버텨줘서 고마워
웃음 잃지 안아줘서 고마워

(Chorus)
끝까지 달려온 너에게
시원한 물을 줄 거야
뜨거운 열정 식혀줄
시원한 바람이 불 거야

Ah~

(Da ra riri raral ra Da ra riri raral ra)

Wu~

(Da ra riri raral ra Da ra riri raral ra)

Umm~

(Da ra riri raral ra Da ra riri raral ra)

story by @tiger_brother_
lyrics by @japmoonzip
cover by @tiger_brother_

진철희 (30세, 무직)

〈철희의 이야기〉

두 번의 이직 끝에 적응하나 싶었지만, 역시나 못 견디고 나와버렸다. 퇴사 2년 차. 회사의 기억은 나지도 않는다. 벌어 놓은 돈으로 집에서 놀기만 한 게 벌써 2년이 넘었다니.. 오늘도 라면과 삼각김밥으로 늦은 아침을 먹는다. 바뀐 밤낮, 움직이지도 않고 인스턴트로 가득 찬 내 몸은 이미 질 안 좋은 고깃 덩어리에 불과하다.
밤새 게임과 폰만 붙들고 있는 내가 정말 지독하게 한심하면서도 이 생활이 또 크게 불편하지 않아 큰일이다.

친구들은 투덜대도 잘만 다니던데 난 왜 이럴까.
처음부터 이렇지는 않았는데.. 그래도 나름 열심히 살았던 것 같은데.. 열정 있던 내 모습이 마치 꿈만 같다.
벗어나고 싶은 마음만 있지, 다음 주부터 해야지 다음 달부터 해야지 계속 미루기만 한다.
몇 날 며칠 사람도 안 만나고 원룸에 처박혀 있는 내 인생이 불쌍하다.

서른살 철희씨의 일일
포크/블루스, 인디음악

올해 서른인 지는 철희 씨는 무직이라네
두 번의 이직 끝에 정착하나 했는데
버티지 못해 뛰쳐나간 지 벌써 2년
바쁜 출퇴근 풍경들은 흐릿해지네

그동안 모아놓은 티끌 같은 돈으로
집에서 놀고먹고 백수로 지낸 지가
그가 딱 회사에서 버틴 만큼 됐을 때
눈가에선 뜨거운 것이 핑 돌았다네

오 삼각김밥 비닐과 컵라면 뚜껑 사이에
허우적거리는 나에게 누가 손을 내밀까
내가 나의 손을 잡고 싶어도 짝이 맞지 않는 걸
어쩌면 날 여기에 빠뜨린 것도 결국 나인걸

누군가 그랬었지 네가 먹는 것들이
오롯이 네가 된다고 우리 엄마였던가
인스턴트, 레토르트 배달만 먹던 그는
결국엔 자신조차 통조림이 되었네

그도 자신이 한심한 걸 알고 있지만
그 사실을 잊기 위해 또 게임을 하네
모니터 속 난 점점 강해지고 있는데
어째서 진짜 나는 야위어만 갈까나

오 내일의 나는 어쩌면 달라질지도
어느 날 갑자기 퍼뜩 정신 차려버릴지도 몰라
하지만 바뀐 밤낮에 현실은 꿈만 같이 느껴지고
악몽을 깨고 싶은 그는 자꾸 없는 잠을 청하네

오 너무 멀리 온 듯해 어디 갔나 젊은 난
네 평짜리 방에서 나는 숨이 멎기만을 바라
없는 얘기 지어가며 나를 변명하는 것도 지치고
부끄러운 나를 도려내 가며 피 흘리기도 싫어

진저리 나는 삶에 그가 필요했던 건
해결책이 아닌 간단한 안부였다네
아무도 괜찮냐고 물어보지 않았고
괜찮지 않은 채로 그는 시들어갔네

아무도 그에게 답을 줄 수가 없었기에
허무한 다짐 외엔 다시 할 게 없었네
내일의 그가 약속을 지킬 진 몰라도
어쨌거나 계획은 항상 필요하니깐

알람을 맞추고 아침에 일어나 보자
눈을 뜨자마자 바닥의 먼지를 치우자
빨래를 제때 돌리고 분리수거를 하자
하루 30분씩은 햇빛 속을 꼭 거닐자

연락이 뜸한 친구에게 전화를 걸고
뻔하지만 보고 싶단 말들을 전하고
하고 싶은 게 뭐였는지 다시 찾아보고
의미 없는 다짐들로 다시 나를 묶자

올해 서른이 지는 철희 씨는 내일을 꿈꾸네

story by @japmoonzip
lyrics by @nalco_97
cover by @todayalsosmile

백하준 (23세, 대학생)

〈하준의 이야기〉

스물셋 하준은 소꿉친구인 정연을 짝사랑한다.
그런데 최근 정연의 애인이 바람을 피웠다고 한다.
슬퍼하는 정연을 위로해 주는 것이 마땅하지만,
한편으로는 내 마음도 몰라주고 자기 힘든 얘기만 하는
정연이 하준은 섭섭하다.
혹시 어쩌면 '우리도 잘될 수 있지 않을까?' 하는 마음과
정연을 다독여주고 싶은 마음 사이에서 하준은 애매해진다.

애써하는 위로
발라드

오늘도 울었네 네 빨간 두 눈
오늘도 흐르네 너의 검은 눈물
벌써 몇 번 째니 그 남자의 바람
이 정도면 이제 그만할 때도 되지 않니
그 매서운 바람 억지로 맞을 필요 있니

너의 눈물 너의 아픔
이제 그만 보고 싶어
나의 마음 나의 진심 고백하고 싶어
너의 옆에서 곁을 지켜주는 것보단
이젠 나의 품 안에서 너를 지켜주고 싶어

-연주중-

오늘은 웃었네 네 빨간 두 볼
오늘은 빛나네 너의 밝은 눈빛
벌써 몇 번 째니 그 남자의 사과
이 정도면 이제 눈치챌 때도 되지 않니
그 사람에게 벗어나는 건 그저 내 바람이니

너의 눈물 너의 아픔
이제 그만 보고 싶어
나의 마음 나의 진심 고백하고 싶어
너의 옆에서 곁을 지켜주는 것보단
이젠 나의 품 안에서 너를 지켜주고 싶어

-연주중-

내 마음 들킬까 애써 위로하는 내 모습
이제는 숨기고 싶지 않아
내 곁에선 항상 웃는 너니깐
너의 옆에서 곁을 지켜주는 것보단
이젠 나의 품 안에서 너를 지켜주고 싶어

story by @nalco_97
lyrics by @japmoonzip
cover by @todayalsosmile

차정연 (28세, 직장인)

〈정연의 이야기〉

다섯 번째 이별이다. 내 연애는 항상 끝이 이렇다.
처음엔 좋았는데, 항상 1년을 채우질 못한다.
모든 걸 다 맞춰 줬는데... 원하는 대로 다 해줬는데...
내가 잘못한 건 없다고 한다.
그런데 왜 헤어지자고 하는 거지? 이유를 물어도 그저 미안하다고만 한다.
그저 잘해주는 나에게 미안해서, 잘해주지 못하는
자신이 나쁜 사람이 되는 것 같아 그만 만나고 싶단다.
난 그 사람이 싫어하는 건 하지 않고, 그 사람이 내 마음에 들지 않는 행동을 해도 꾹 참았다. 참고 다 맞춰줬다.
그런데 왜?
매번 같은 패턴... 내가 잘 못하고 있는 걸까?
결국 내 문제인 걸까?
난 왜 이럴까...
난 사랑 같은 건 할 자격도 없는 걸까?
아니 사랑받을 자격이 없는 걸까?

다가갈래요
발라드

그거 아나요
오늘도 홀로 우는 그대 보면서
나도 함께 슬퍼하고 있었다는 걸

나에게 언제나 밝던 그대라서
그 모습을 보는 것만으로도 난 행복했는데

그대가 웃음을 잃어가는 줄 알았다면
그걸로 만족하지 않았을 텐데

어둠 속에서 홀로 웃음을 잃어가는 그대를 보니
이젠 내가 다가가야겠어요

-연주중-

그거 아나요
그대가 그대의 모습으로 있어도
충분히 사랑받을 수 있는 사람이라는 걸

나에게 빛처럼 눈부신 그대라서
그 빛을 바라보기만 했어요

그대가 그대의 빛과 행복을 바꾼 줄 알았다면
그렇게 바라보지만 않았을 텐데

어둠 속에서 홀로 빛을 잃어가는 그대를 보니
이젠 내가 다가가야겠어요

-연주중-

그대의 웃음과 빛만으로도
충분히 행복할 수 있다는 걸
그대가 알 수 있도록

이제 용기를 내서
그대에게 천천히 다가가보려 해요.

그리고 그대가 다시 그대를 찾는 그날
웃으며 그대에게 고백할래요.

그 웃음, 그 빛 잃지 않도록
내 옆에서 행복해 달라고.

story by @japmoonzip
lyrics by @todayalsosmile
cover by @nalco_97

노영훈(26세, 신입사원)

〈영훈의 이야기〉

영훈은 이제 회사에 입사한 지 3주 된 신입사원이다. 처음에는 무엇이든 잘 해보려 적극적으로 자원했으나 하는 것마다 실수 연발에 마음처럼 잘되지 않았다. 혹여 또 실수는 하지 않을까 걱정만 될 뿐, 면접 때 보였던 패기는 이미 사라진 지 오래다.

오늘도 보고서를 올렸다 부장님께 깨졌다. 남들이 모두 퇴근한 시간, 불 꺼진 텅 빈 회사에서 보고서를 수정하고 있다.

그때 올린 엄마의 메시지, '밥은 먹고 다니냐. 주말에 집에 온나, 니 좋아하는 갈비 했다.' 엄마의 메시지를 보고 나도 모르게 눈물이 터져 나왔다.

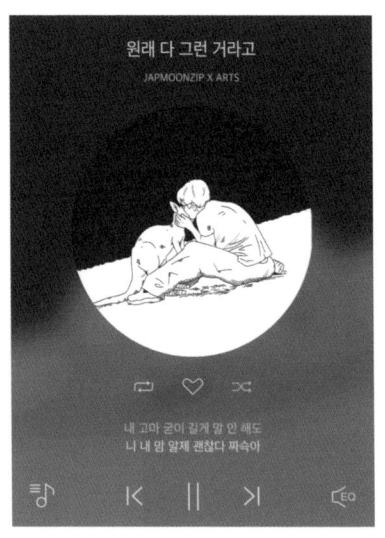

원래 다 그런 거라고
랩/힙합

(Intro)
왠지 잠긴 듯한 너의 목소리
혼자인듯한 공간 텅 빈 목소리
자정을 향해 달려가는 초침 소리

(Verse 1)
안 울었다는 네 목소리엔
이미 코 한가득 먹은 그런 목소린데
울었을 네 모습이 사실은 좀 웃기긴 한데
조금 진지하게 네 고충 한번 들어볼게

시간 쪼개가며 달려온 날들이
지금 네가 거기 있는 이윤데
열심히 하던 너의 모습이
아직도 내 눈엔 분명 선명한데

밥은 먹고 다니냐는 어머니의 말씀
좋아하는 갈비로 널 달래준 어머니의 마음
그때 흘렸던 너의 따뜻했던 눈물
그것만 잊지 마 어머니의 사랑
그것만 잃지 마 그런 너의 마음

(Chorus)
원래 다 그런 거라고 말하진 않을게
초심 잃지 말라고 보채지 않을게
그저 네 얘길 내가 다 들어줄게
그저 네 힘듦 내가 보듬어 줄게

(Verse 2 - 사투리)
부장시끼 때문에 이 갈지말그라
으 드르븐 말 입에 가 있지 말고
이 한 번 시원하게 닦아뿌고 크게 뱉어뿌자 투
내가 짜 났다 임마 만병통치약

마음이 시릴땐
뜨끈한 물에 피로 함 풀어삐자
내가 딱 준비해 놨다
내가 딱 안다이가 니가 딱 원하는 거
취향 족욕

금욜밤에 삼겹살에 소주 한잔 조지고
10시 넘어서 롤이나 한판 쌔리자
내가 갱 많이 가줄꾸마 (gang gang)
플레 함 찍어뿌자

가만 보잉까네
금마 그거
대도 안 한 걸로 갈구네
웃으면서 말한다고
다 우스갯소리인줄 아나
다 개소리지 (맞제?)

쪼매 힘들어도
첨이라 그런 거 아이겠나
닌 또 잘할끼다
내가 안다
내가 니 젤 잘 안다 아이가
걱정 말그라

(Chorus)
원래 다 그런 거라고 말하진 않을게
초심 잃지 말라고 보채지 않을게
그저 니 얘길 내가 다 들어줄게
그저 니 힘듦 내가 보듬어 줄게

(Outro)
내 고마 굳이 길게 말 안 해도
니 내 맘 알제
괜찮다 짜슥아
(와따마 쑥스릅네)

story by @todayalsosmile
lyrics by @japmoonzip
cover by @nalco_97

오정식 (53세, 직장인)

〈정식의 이야기〉

"여보 나 출근해요", "아빠 다녀올게" 공허한 외침 속에 난 또 출근을 한다. 일찍이 출근해 회사 구내식당에서 마른 속에 아침을 꾸역꾸역 먹는다. 회사에서도 찬밥 신세는 마찬가지다. 열정적으로 회사 생활을 한건 아니지만, 또 그리 못하지도 않았던 것 같은데... 인정받는 건 고사하고 무시당하기 일쑤다. 이제는 후배들도 대놓고 눈치를 주는 편이다. 점심 식사 자리에서는 나도 모르게 요즘 말하는 꼰대 멘트를 후배들한테 남발한다. 아차차... (그래도 내가 꼰대인 걸 알면 덜 꼰대라 하던가..)
집으로 돌아와 대화 한마디 없는 식사 자리에서 내가 말만 하면 무시하는 투로 내 성질을 돋우는 마누라.
딸아이는 내 입에서 나오는 말은 음소거 마냥 거의 듣지도 않는다. 집에선 그나마 내가 입을 열지 않아야 싸우지 않고 조용히 넘어간다.
하루 삼시 세끼 밥 먹을 때 빼고는 내 입은 쓸모가 없어 져간다.

Latte is horse
랩/힙합

(Intro)
어이! 김대리!
거기 앉아봐!
저기, 자네한테 할 말이 있는데 말이야.
그러니까 자 한 번 잘 들어보란 말이야.

(Verse 1)
라떼는 말이야
그러니까 말이야
너를 위한 말이야
사실 나를 위한 말이야

이게 바로 삶이야
내가 바로 참이야
따라 오란 말이야
누구하나 듣지 않는 말이야

과거에 집착한 삶

이제는 잃어버린 감

나도 왕년에는 아주 잘 나갔었는데

날아가는 새 저기 쫓아오는 개

왜 그렇게도 시간이 빨리 흘러가는 게

붙잡고 싶었지

절대 놓을 수 없었지

그렇게 되감기를

반복하고 또 반복했지

그러니까 말이야

라떼는 말이야

커피는 말이 아니야

내 속도 말이 아니야

(chorus)
내 얘기 한 번 들어봐줄래
Once upon a time
라떼가 말을 탔데
말도 안 되는 얘기라며 웃곤했는데
이제는 말야
우리 인생 얘기 같아

(Verse 2)
가장의 삶이라는 게
그렇게 무겁다는 게
어디에도 내 얘기
하나 둘 곳 없다는 게

너무나 외로웠지
그리고 또 외로웠지
그렇게 나 홀로
라떼를 들이켰지

모두가 원하지 않는 걸
잘 알면서도
그렇게 나 홀로
나 때를 돌이켰지

모든 이가 잠든 밤에
저 별도 잠든 밤에
그렇게 하염없이
시간을 부여잡네

그러니까 말이야

라떼는 말이야

커피는 말이 아니야

내 속도 말이 아니야

(chorus)

내 얘기 한 번 들어봐줄래

Once upon a time

라떼가 말을 탔데

말도 안 되는 얘기라며 웃곤 했는데

이제는 말야

우리 인생 얘기 같아

story by @japmoonzip
lyrics by @tiger_brother_
cover by @nalco_97

소설 '문자 왔숑'을 함께한 빙그레 작가님.
가사집을 함께한 유진님, 창규님, 지혁님 감사합니다.

작가의 말

어려운 말은 할 줄 모릅니다.
쉬운 글을 씁니다.
그런 내가 할 수 있을까? 하고 의문이 드는 순간에도
저의 작은 생각과 짧은 글에 공감하고
즐거워해주셨습니다.
그래서 용기를 얻었습니다.
아! 사소하고 작은 것으로도 따뜻함이 번지고
웃음과 행복을 선사할 수 있구나!
그리고 나 또한 행복을 느낄 수 있음을.

영감을 주신 많은 분들에게 깊은 감사를 표합니다.
또한 여러분들의 칭찬과 격려가 있어,
이 책이 완성 되었습니다.
감사합니다.

항상 나와　함께해 주고
많은 것을 도와주는 너에게
위로의 말과 응원을 아끼지 않는 너에게
용기와 사랑을 채워주는 너에게
언제나 날 믿어주는 너에게
큰 사랑과 고마움을
전합니다
.
.
.
하은

양철호 올림

말장난 : 감[感]

웃고 싶을 때는 크게 웃고
웃고 싶지 않을 때는 웃지마

1판 인쇄	2022년 8월 3일
지은이	양철호
책임편집	이하은
그림 / 디자인	양철호
펴낸이	양철호
펴낸곳	아기발 출판사
출판등록	2022년 1월 19일 제 333-2022-000005호
주소	부산광역시 해운대구 해운대로89번길 30
E-mail	cjfgh118@naver.com
instgram	@japmoonzip
ISBN	979-11-979566-0-7 03800

이 책은 저작권법에 의해 보호를 받는 저작물이므로 무단전재와 무단복제를 금하며, 이 책 내용의 전부 또는 일부를 사용하려면 반드시 저작권자와 아기팔 출판사의 동의를 받아야 합니다.